たび活×住み活

読むと行きたくなる。
行くと住みたくなる——

in 埼玉

たび活・住み活研究家 大沢玲子

旅好きのアラフィフ夫婦が、
独自の視点で「観光以上移住未満」の
地方の楽しみ方、その地の魅力を
ユルリと紹介いたします。

妻　レイコ

鹿児島・枕崎市生まれだが、転勤、転校が多い生い立ちで、自称・根なし草人間。職業・ライター。好物は国内外を巡り、地元のウマいものを食べ、酒を飲み、地元の人に絡むこと。今回はヒロシの故郷・埼玉取材となり、自虐的なダサイタマネタを散々聞かされる羽目に。でも実は自然と都会のいいとこ取りの埼玉の魅力を再発見！

夫　ヒロシ

海なし県の埼玉・幸手市出身。職業・税理士。数字と歴史にウルサく、毒舌を得意技とする。今回は地元がターゲットとなり地元愛……ではなく、幼少時の自虐ネタがさく裂する。埼玉名物・コシの強い武蔵野うどんはやや苦手ながら、秩父名物のホルモンのウマさに、ホルモンは「放る（捨てる）もん」という偏見を克服した。

はじめに――「たび活×住み活」ってナンだ？

夫婦2人で立ち上げた出版社でスタートした「たび活×住み活」シリーズも、なんのかんのとバトルしながら、ついに5冊目に突入したね。

まだまだ5冊目。47都道府県制覇は道のりが長いぞ。

（またその話かい）。今回はコロナ禍で遠くに行きにくいのもあって、キミの地元・埼玉にフォーカスしたけど、大河ドラマで深谷市出身の渋沢栄一が主人公になるし、「なんもない」ようで実は個性豊かだったし、埼玉、ベストタイミングだったかも。キミも、いろいろと新しい発見があったんじゃない？

県内の東西（ヨコ）の電車移動の乗り継ぎがスゲー不便で、ストレスだったとかな。

なになに、いきなりディスりネタ！　まずは初めて本シリーズを手に取った方に、恒例の「たび活×住み活」、略してタビスミとはなんぞやの話を、キミからお願いします。

オレたち2人で旅してても、有名な観光スポットってあんまり行かないじゃん。いわゆる

なレジャーもいいけど、それより気になるのは「ここに暮らしている人がどんな生活をしているのかな？」なんだよね。

うん、「ここにちょっと住んでみたらどうなるかな」とか、「地元の人って何食べてるんだろう」「人間関係は？」とかって、想像しながら旅するのって意外に楽しいんだよね。埼玉は東京の隣の県で通勤・通学して来る人も多いし、大して変わらないかと思ったら、ぜーんぜんそんなことなかった。

オレはいつも言ってるけど、「家賃はどのぐらい？」「生活費は？」「医療とか介護の事情はどうなんだ？」とか職業柄もあって気になっちゃうんだよな。そんなこんなで、〝観光以上移住未満〟の視点で、「この地を旅するならこれをやってほしい」「住むなら知っておきたい」ことを、独断と偏見で「たび活」「住み活」、略して〝タビスミ〟と称して紹介してしまおう！　という本です。

そう考えると、埼玉って観光地ど真ん中じゃないし、タビスミにはうってつけの地だったかも。改めて地元をぐるり回ってみてどうだった？

さっきも言ったけど、県内の公共交通機関での移動は不便だったけど、それでも東京から日帰りで行けるから、マイナーな場所を含めてよく回った。埼玉は市の数が40で日本一だけど、県内市町村の3分の2ぐらいは回ったんじゃないか。

うん、むちゃくちゃ乗り換えしながら（笑）。新しい発見としては、公園とか花の名所とか自然が多いんだな、と。キミの地元の幸手《さって》市の権現堂《ごんげんどう》桜堤、初めて見たけど桜と菜の花のコントラストが圧巻だったなー。迷わず本のカバー写真に使ったぐらいだしね。

オレも子どものころ遠足やスケッチ大会とかで行ってるはずなんだけど、大人になって改めて魅力に気づいたかも。まあ、名物は桜のみだけど（苦笑）。あとは、うどん店とロードサイドの埼玉発祥のチェーン店はよく行ったな。

国道をせっせと歩いてね（笑）。埼玉名物ってピンと来ないけど、実は昔から食べられてきた武蔵野うどんはマツコの番組（「マツコの知らない世界」）で取り上げられた影響もあってか、軒並み行列してたし、地元創業の回転ずし「がってん寿司」もおいしくてビックリ。海なし県をナメてはいかん。

国道を走る車の数は、これまで行ったエリアと段違いで多かった。だから、ロードサイドのチェーン店が多いんだろうけどな。埼玉郊外の殺伐としたロードサイドと、その脇の一戸建てが密集する住宅街は、埼玉ならではの光景だよな。

でも、秩父とか行くと、山、山、山で別世界だったね。特にパワースポットの三峯《みつみね》神社の人気ぶりにはビックリしたな。あと、ビックリしたといえば、川口とか蕨に外国人があんなに多く住んでるんだってこと。

西川口って昔は風俗街だったのが、今は地元に住んでる中国人向けの中華料理店や中華食材を売る店とか密集してて、まるっきりチャイナタウン。少数民族のクルド人がこの一帯に多く住んでるってのも初めて知ったし、いろいろと考えさせられた。

東京の隣の県なのに、案外、知らないことが多いもんだよね。と、多少、真面目な話になったところで、どう、ぶっちゃけ埼玉に住んでみてもいいと思った？　実はコロナ禍の影響もあって、東京あたりから、自然もあって利便性も高い埼玉に移住する人が増えてるみたいなんだよね。

うーん、住むのは……。

もう……相変わらず、地元にキビシー！

えー、そろそろ我々タビスミ隊、「独断と偏見で勝手に地方のいいとこを紹介して、応援します」プロジェクトの埼玉編、始動します。

今回はヒロシならではの毒舌に加え、自虐ネタもお楽しみください。

文中の数値・データはP158に挙げた統計・調査結果をもとに引用しています。

参考文献の著書名、刊行元についても紙幅の都合上、P158にまとめました。

また、原則的に人物の敬称を略しています。加えて、2019～2021年の新型コロナウイルス感染症の影響により、取材時より変容しているデータもあります。訪問される際は再度のご確認をお願いいたします。

たび活×住み活 1

うどん大国で、うどんの食べ比べ

前作の福岡編の取材でも散々うどん食べたのに、埼玉グルメのしょっぱなからまたうどん?

埼玉って実はうどん生産量がトップクラスのうどん県なんだろ。タビスミ隊たるもの体を張って食べ比べしないと。まずは加須市の「子亀」。

ここの名物は肉みそうどんだって。ピカピカ、ツルツル、シコシコ。割と食べ慣れた味かも。おいしいね。

次は川島町の「本手打ちうどん庄司」に行くぞー。ここは埼玉名物の武蔵野うどんを……うーん、麺の食感がゴワゴワ粉っぽいというか、オレ、ちょっと苦手かも。

私はかみしめるほどに粉の味がしっかりして好きだけど。

オレは柔らかめの博多うどん派かなー。

レイコ　オススメの食べたい!

大宮の武蔵野うどんの人気店「駕籠（かご）休み」にも行きました。厳選された地粉を使い、店内には「こだわりは素材にあり」などの毛筆のメッセージ！　店主のうどん愛が感じられます。

うどんの生産量が全国第2位、原料となる小麦の生産量でも全国7位！

「うどん県」を声高に叫ぶ香川県に負けじと隠れた〝うどん大国〟の埼玉。と聞いて、「〝埼玉うどん〟ってどんなヤツ？」と聞くのは野暮な質問っていうもの。

大前提として、この地には〝埼玉うどん〟なる定型はない。埼玉人にとって、うどんとは観光客向けのグルメではなく生活密着型メニュー。スタイルはエリアによっても多様性に富み、種類はなんと20超にも及ぶ。

群雄割拠な埼玉うどん界ではあるが、手始めに二大有力選手は押さえておきたい。

まず外せないのが、県北東部の横綱、加須《かぞ》市の加須うどんだ。白く光沢のあるツルツル、シコシコした讃岐タイプに近い味わいで、ルーツは元禄時代にまでさかのぼる。関東三大不動の1つである市内の不動ヶ岡不動尊總願寺《そうがんじ》には、加須名物の「饂飩粉《うどんこ》」を贈られたという館林城主からの礼状が残されている。礼状の日付にちなみ、6月25日は「加須市うどんの日」に制定されている。これ、なんと市条例だ。市内だけでも40店舗以上ものうどん店があり、老舗店「子亀」には、天皇陛下が来店した歴史も残る。

もう1つが西の横綱・武蔵野うどん。東京都北西部の多摩エリアと県西部に広がる武蔵野台地周辺を発祥とし、米作に向かない土地で小麦・大麦の栽培が盛んだったことから生まれた。特徴は腰の強い地粉を使い、太くやや茶色がかったハードボイルドタイプ。糧《かて》と呼ばれる茹で野菜をつけ合わせで出すのが伝統的スタイルだ。現在、ポピュラーなのは肉や野菜が入った出汁《だし》の効いた醤油味の温かいつけ汁に、冷たいうどんをつけて食べる肉汁うどん。きのこ汁うどんなどのバリエーションもあり、今や県全体で人気を集めている。

その他、川島町《かわじま》では、ゴマやみそ、野菜をすりつぶした冷汁にうどんをつけて食べる「すったて」や、すりつぶした大豆を入れたみそ仕立ての煮込みうどん「呉汁《ごじる》うどん」を二大名物としてプッシュ。秩父地方には「おっきりこみ」なるうどんも。生めんのまま、野菜などと一緒に煮込むのが特徴で、農作業や養蚕業で多忙を極めたこの地ならではの生活の知恵から生まれたメニューだ。

また、この地のうどんを語るなら、小麦の生産量を飛躍的に伸ばしたレジェンドについても知っておきたい。県内一の小麦生産量を誇る熊谷市出身の農業生産者・権田愛三《ごんだあいぞう》だ。麦の生産で今でも使われる〝麦踏み〟を取り入れた栽培技術を編み出し、収穫量アップに貢献。全国各地に小麦の生産技術を広めた立役者として「麦王《ばくおう》」との異名もとる。

ちなみに、特に県北エリアでは、うどんは冠婚葬祭といった特別な日に供される食事とされていた。「朝まんじゅうに昼うどん」（おめでたい日は朝にまんじゅう、昼にうどんを

大宮の人気店「駕籠休み」で食べた「肉汁うどん」。太くてコシが強く粉の味がしっかり！　肉汁に合います。ツルツル、ズルズルというより、ワシワシとかみしめるのが正解。

食べる）なんて言葉も残り、うどん＝手抜きメニューなどと心得ると罰が当たる。かつては「うどんを打てないとお嫁に行けない」ともいわれたりしたが、一方、加須市ではお彼岸や正月に男性がうどんを打って女性をねぎらう慣習も残されている。

一定世代から上の埼玉人ならば、「一家に1本、うどんの麺棒があった」という思い出を持つ人も。家庭やエリアごとに受け継がれてきたこの地の食文化を知るなら、まずは二大巨頭を押さえ、いろんなエリアのうどんを食べ比べしてみたい。

たび活×住み活 2

さきたま古墳で埼玉県の由来を知る

グルメはさておき、まずは埼玉の歴史も知っておかないと。この「さきたま古墳」って県名由来の地だって。キミも社会見学とかで来たんじゃない？

うーん、前に遠足とかで来たかもしれないけど、記憶にない。

……郷土愛薄いな（苦笑）。コレが「埼玉県名発祥之碑」だ。ここの地名、行田市埼玉からダサイタマと呼ばれる必然の歴史がスタートしたのね。

（苦笑）。浦和、大宮、与野が合併した時も、本当は住民投票で1位だった埼玉市になるはずが、行田市から物言いがあって、2位のさいたま市になったんだよな。ひらがなの市名でよりダサさが際立ったっていう、ね。

やっぱり自虐方向に話が転んでしまうのね（苦笑）。

ヒロシ　オススメの行きたい！

古墳がある「さきたま古墳公園」は桜の名所でもあります。特に日本最大級の円墳である丸墓山の頂上と斜面にある桜は珍しい。古墳と桜という他にはないツーショットも撮影できます。

埼玉といえば、日本のセンターで巨大消費を誇る江戸・東京の恩恵で成長したイメージが強い。無論、間違いではないのだが、実はお江戸が誕生するよりはるか昔の超ロングロングヒストリーな史跡が残されている。行田市《ぎょうだ》埼玉《さきたま》にある「さきたま古墳公園」だ。5世紀後半から7世紀中頃につくられた9基の大型古墳が群集している全国でも珍しいスポットで、2020年に国の特別史跡にも指定された。

また、古墳公園内に位置する「県立さきたま史跡の博物館」には、古墳の1つ、稲荷山古墳から出土された国宝「金錯銘鉄剣《きんさくめいてっけん》」が展示されている。剣身には、古墳時代の金石文（石碑や金属製品などの遺物に刻まれた文字・文章）としては、最も字数の多い115文字が刻まれている。当時、日本を治めていたヤマト王権の時代を伝える歴史的価値の高い遺物だ。

そしてこの地は埼玉の県名発祥の地でもあり、近隣には元々の埼玉の由来といわれる前玉《さきたま》神社が古墳群に向かって祈願するように建立されている。奈良時代には既に『万葉集』に「前玉」や「佐吉多万《さきたま》」といった地名を表記した和歌が収められていたとか。雅な歴史！だが、その語呂から、後世、「ダサイタマ」なんて不名誉なネーミングをつけられるとは古代の人々も思いもよらなかっただろう……。

埼玉合併劇の悲喜こもごもを知る

埼玉って市の数40で全国1位なんだけど、合併の前は市や町ももっとたくさんあったんだよな。

キミが生まれ育った幸手は合併したの？

幸手は茨城の五霞（ごか）町からの合併申し出を断ったんだよ。で、久喜市と一緒になりたくて、菖蒲（しょうぶ）町、栗橋町、鷲宮町の1市3町合併計画に合流しようとしたけど、結局、仲間に入れてもらえなかったという。

うーむ。そういえばタクシーの運転手さんが話してたけど、鴻巣と合併した旧吹上町の人が「ドラマの舞台とかで知名度がアップした行田と合併しとけば」って言う人がいるってね。

まあ、外野から見れば〝どんぐりの背比べ〟かもしれないけど（苦笑）。

ヒロシ　オススメの知っておきたい！

埼玉で鴻巣は「運転免許センターがある町」として一定の知名度があります。ただ、県央にあるので免許更新で行かなきゃいけなかった時代は、住んでる場所次第で1日作業でした。

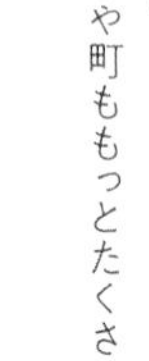

「生まれは与野《よの》。今はさいたま市の中央区だけど」「旧岡部町、正式には深谷市」「吹上。鴻巣《こうのす》に入るか行田に入るかでいろいろ議論があって鴻巣にくっついたけど」——一定世代から上の埼玉人に出身エリアを聞くと、旧市名や町を取り混ぜた展開になることがある。

そもそも。埼玉の県名の由来とともに押さえておきたいのは、今の埼玉県の形になるには1871年の廃藩置県から、統廃合を繰り返してきた歴史があるということだ。

今の県東部にあった浦和県、忍《おし》県、岩槻《いわつき》県ができ、県西部にあった入間県に練馬県の一部が編入されてできた熊谷県と千葉県の一部が合流。76年、今の埼玉県が誕生する。

しかしそこからも、2001年のさいたま市誕生（05年には岩槻市も合併）に加え、様々な合併劇が繰り広げられることになる。よって、冒頭の会話につながるのだが、戦中、川口と合併させられ、戦後、独立したものの川口と〝再婚〟となった旧鳩ヶ谷《はとがや》市、久喜《くき》市を巡る合併劇で取り残された幸手市、さいたま市に入りたかった上尾《あげお》市など、様々な思惑、怨念（？）が語られる。そして、鳩ヶ谷市はないけど鳩ヶ谷駅はあり、吹上《ふきあげ》町はないけど、吹上駅はあるなど、ちょっとヤヤコシ……。

この地の歴史を語るならば、旧市（町）の存在、県全体で繰り広げられた合併劇、さらに旧浦和VS旧大宮を始めとした県庁所在地争いの史実があったことも押さえておきたい。

たび活×住み活 4

パンチをアテに「ダウドン」飲み！

麺がゴワゴワ硬めの武蔵野うどんはオレ的にやや苦手だったけど、「山田うどん」は一周回って癒されるというか予想以上によかった。

県民いうところの〝ダウドン or やまう〟ね。ファミレスタイプでゆったり座れるし、もつ煮の「パンチ」をアテに飲めるのもうれしかったな。

意外にハマったのがかき揚げを卵でとじたかき揚げ丼。ハーフサイズのうどんがあるのも、中年としては飲んだシメにちょっと食べたい時にいい。

ユルさ満点だけど、実は海外や銀座にもいち早く出店したっていうから、意外にヤリ手だったんだよね。今はピークより店舗数減ってるみたいだけど。

すごくおいしいわけじゃないけど(笑)、近所にあったらたまに行きたいかも。

レイコ　オススメの食べたい！

お取り寄せが増えるなか、「山田うどん」では自宅でうどんを打てる「手打ちうどんキット」を販売。地元名物の狭山茶を練り込んだ「狭山っ茶うどん」なんかも季節限定で登場。攻めてる！

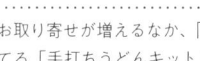

ただただ真っ直ぐ続く国道。轟音を立てて走る大型トラック。ロードサイドには見慣れたチェーン店の数々――そんな埼玉郊外の〝埼玉らしい〟凡庸なロードサイドシーンにあって、ふと心を和ましてくれるアイツがいる。目印は赤いかかし。埼玉発祥のチェーン店「山田うどん」、通称〝ダウドンorやまう〟だ。

1935年、所沢で手打ちうどん店を創業。その後、製麺所から転身し、65年に山田うどん1号店を設立。2018年には、への字顔だったかかしがにっこりスマイルへとデザインが刷新され、屋号も「ファミリー食堂　山田うどん食堂」に。従来のガテン系の男臭いイメージから、ファミリーや女性客が入りやすい店づくりを進めている。

おいおい、愛すべきどこか哀愁漂うダウドンはどこいった⁉　ご心配なく。〝庶民の味方〟が掲げる「早い、安い、うまい、腹いっぱい」になるは変わることがない。

未訪の方は、同社ホームページにリンクされている動画「木村拓哉、埼玉のソウルフード⁉『だうどん』を喰らう!」をチェックしてほしい。TOKYO　FMとGYAO!のコラボでキムタクが山田うどんに初トライする様子を見ることができる。印象的なのがオーダーしたメニューが秒で到着するや否や、キムタクが「こわい、こわい……なんでこんなに早えの?」とガチで驚いている場面。一括調理を行う入間《いるま》市のセントラルキッチンのパワーだ。

ちなみにキムタクは店員のオススメを完全無視でタンタン風つけ麺を頼むなど、突っ込みどころはあるものの、完食後、リスナーのリクエストに応え、「ダサイタマじゃねーし！」とドヤ顔で語ってくれる。埼玉の方々、キムタクのお墨つき、いただきました！

うどん以外の定番人気メニューが、かき揚げを卵でとじた「かき揚げ丼」ともつ煮込みの「パンチ」（ピリ辛の赤パンチもあり）。コロッケやフライドポテトなどお財布に優しい手頃なサイドメニューもあり、これらをアテに〝ダウドン飲み〟を楽しみ、うどんでシメれば埼玉的小幸感（小さな幸せ）に包まれる。

そんなユルさ満点のダウドンだが、実は意外な武勇伝を持つ。1970年代、アメリカのマンハッタンにラーメン店「TARO」を出店。店自体は失敗に終わるが、現地のフリーウェイ沿いのケンタッキーで回る大きな看板に目を付けた創業者。当時の価値で約2000万円もかけて取り寄せ、これが、かかしの回転看板につながったという（参考『愛の山田うどん』）。その後、銀座に開いた高級ラーメン店「カントリーラーメン」（閉店）ではカウボーイハットをかぶったかかしをキャラクターに。パンチ効いてんな、ダウドン！

本格手打ちの武蔵野うどんにかみ疲れたら（?）、その対極にあるうどん大国の癒しキャラにトライしたい。

武蔵野うどん店
……なんか物々しいな
道
地粉専門
こだわりは素材にあり
頑固地粉専門
こだわりのお店って感じ!!
ワシ
うん! 地粉の感じがいいね
ワシ
ワシ
ウマイ…けど
オレはやっぱり博多の柔らかめのうどんが好きだな…
ワシ
ワシ
お客待ってるから
ワシ
ワシ
早く食べて出よーう
ワシ
ダウドンにて
こっちのほうが落ち着くなぁ〜
赤パンチ、ピリ辛でハイボールに合う〜〜
ただハイボール飲みたいだけでしょ…

公共交通機関の〝埼玉トラップ〟を知る

今回、気づいたけど埼玉って電車の乗り継ぎが結構不便よね。武蔵野線沿線の東所沢の角川武蔵野ミュージアムに行こうとしたら事故で立ち往生。迂回路線がなくて、タクシーも来ないし、運転再開を待つのみだったよね。

東京の地下鉄とか私鉄との乗り入れが進んでも、東京アクセスがよくなっただけで、県内東西をつなぐ線は武蔵野線ぐらいだからな。

確かに東京の地下鉄の副都心線から東武東上線が直通になったのは便利だけど、県東西、北部を行き来しようとするとすごく乗り換えした気が……。

結局、大宮か東京の赤羽や池袋に戻ったほうが早いという。埼玉の交通路線は昔から東京に労働力や物資を運ぶためにあるんだな、きっと（苦笑）。

レイコ　オススメの知っておきたい!

県東西を結ぶ唯一の路線、武蔵野線は京葉線への乗り入れで埼玉県民の休日「県民の日」にディズニーランドに行きがちという“県民あるある”の足としても活躍しているそうです。

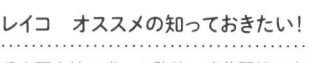

新幹線を含め20超の鉄道路線を県内に擁す埼玉。だが路線数の割には県内移動の足としてはハードルが高いのがこの地の鉄道事情。本数も意外に少ないため油断大敵だ。

まず、一点押さえておきたいのは、「タテラインは強いが、ヨコアクセスは弱い」こと。タテとは東京間、ヨコとは県内の東西移動のラインを示す。

日本の中心である江戸（東京）を起点に交通網が発達した歴史的経緯から、埼玉は地方と江戸を結ぶ中継点として中山道や日光街道といった主要な街道がつくられてきた。そのおかげで交易の地として栄えた旧宿場町も多いのだが、一方で東西アクセスは後回しに⁉

1940年、軍事上の目的から県内初の東西を結ぶ鉄道として誕生したのが川越線（大宮―高麗川《こまがわ》）。だが、本数が少ないため、朝夕に通勤で使う地元民以外、遭遇率は少ない。

唯一、希少な東西アクセス網が武蔵野線。東京、埼玉、千葉を結び、山手線の2倍超の全長71・8㎞に及ぶ路線だが、沿線にギャンブル場が多いため、ギャンブル電車の異名も。

ただし、沿線に巨大モールのイオンレイクタウン（越谷レイクタウン駅）があり、東所沢（東所沢駅）に2020年に誕生した、ところざわサクラタウンに行く若者たちも増え、車内のやさぐれ感は払しょく⁉　かつて多かった強風による遅延も改善されている。だが、駅間の距離が長いため、乗り過ごしやトイレが近い人（！）は注意したい。

たび活×住み活 6

「鉄道のまち大宮」の意外な成り立ちを知る

大宮の鉄道博物館、子ども連れが多いね。特に男の子。ホント、乗り物が好きだよねー。

あー、でもオレ、乗り物に全然興味なかったな。

運転手さんになりたいとかなかったの?

全然。

子どものころからヒネくれ者(笑)。あとさ、東武日光線沿線のオレにとって、路線外の大宮って縁のない都会だったなー。埼玉人が都内デビューするといわれてる池袋も行かなかったし。最も身近な東京の都会は東武線との乗換駅の北千住駅だった(笑)。

北千住、渋い(苦笑)。使う路線で青春の思い出が変わるというのも、埼玉あるあるなのかも。

ヒロシ　オススメの知っておきたい!

東武野田線っていつの間にか東武アーバンパークラインって愛称がついてたんですね。沿線に大規模な公園が多く、アーバン(都市間)と公園(パーク)を掛け合わせたらしいです(笑)。

県内の鉄道を乗りこなすならば、成り立ちの歴史やバックグラウンドも押さえておこう。まず、埼玉イチの巨大ターミナル駅の大宮駅は東京駅に次いで全国乗り入れ本数ナンバー2。交通の要衝として客車の修繕・補修を担った大宮工場（現JR東日本大宮総合車両センター・大宮車両所）の敷地の一部に「鉄道博物館」を構えるなど、「鉄道のまち大宮」としての知名度もアップしつつある。

新幹線が通っているのは、かつて旧浦和市と〝埼玉の雄争い〟を繰り広げていた旧大宮市民にとって最大の〝武器〟でもある。だが、実は当時の大宮では新幹線開通に反対する声の方が大きかったという。

理由は「新幹線は東京と地方を結ぶだけであって、埼玉には恩恵がない」というもの。うむ、一理ある。

そこで、新幹線を通す代わりに通勤新線を開業するという交換条件で生まれたのが埼京線だ。その目的通り、埼玉と東京を結ぶ通勤路線として大活躍するが（ちなみに埼京線は浦和駅を通らない……）、あまりの利用者の多さに朝夕のラッシュがひどく、〝最凶線〟の異名をとったことも。痴漢防止にJR東日本初の女性専用車両を導入したのも埼京線だ。

一方、観光ユースとして鉄道マニアの人気も高い路線が秩父鉄道。観光地・秩父を巡り、東京に一番近い蒸気機関車「SLパレオエクスプレス」も走る。秩父を舞台とする人気アニメ「あの日見た花の名前を僕達はまだ知らない。」ほか、アニメ番組とのコラボしたラッピング車両でアニメファンの支持も集めている。

ただし、ルーツは貨物輸送。秩父の地場産業である絹、そしてセメントの材料の石灰石を東京に運搬する列車として活躍した。秩父のセメント産業および秩父鉄道成長の立役者となったのが、煉瓦《れんが》製造からセメント事業へと鞍替えし、秩父セメント（現太平洋セメント）を創業した本庄市出身の実業家・諸井恒平《もろいつねへい》と、親戚として事業を支援した大河ドラマでも注目の深谷出身、渋沢栄一。さらにセメントの原料として、秩父の武甲山《ぶこうざん》から採れる石灰石に目をつけた日本初の林学博士・本多静六は、埼玉の武蔵嵐山《むさしらんざん》（嵐山町）の名づけ親でもある（P87）。

そんな偉大な歴史を擁す秩父鉄道だが、全国で浸透しているICカードの利用は不可。改札でまごまごしないように。

県西部で存在感を増すのが車内広告でも地元野球チーム・埼玉西武ライオンズ推しの西武線。観光客の利用も多い西武池袋線の特急ラビュー号は車内デザインもオシャレで、女性向けにパウダールームを設置するなど気が利いている。

だが、元々の西武線の旧社名は泥臭く、西武農業鉄道。堆肥や資材を運ぶ路線だった。その歴史カムバックというべきか。コロナ禍にあって、秩父の農産物を特急ラビュー号の空席を使って池袋や所沢などに運ぶ取り組みにもいち早く乗り出した。客数減で生じた空席を有効活用するとともに、商品輸送を担うことで生産者を支援するものだ。さすが昔取った杵柄《きねづか》。

県東部に目を移すと、かつてはマンモス団地を沿線に控えひどい通勤ラッシュで知られた東武伊勢崎線は東京スカイツリーができたことで愛称・東武スカイツリーライン（浅草・押上―東武動物公園）を打ち出しイメージアップ!?

それに便乗して（?）、東武野田線も東武アーバンパークラインという愛称を発表するが定着率はいまひとつか……。元々は野田市にあるキッコーマンの醤油を柏駅まで運ぶ貨物列車が始まりだ。

自分が通勤や通学で使う路線以外は「乗ったことがない」「休日の移動はほぼ車」と、意外に車社会の埼玉だが、エリアによって個性豊かな路線のうんちくを知るのもオツなもの。あえて乗り換えの不便さも楽しめば、この地の多様な魅力発見にもつながるはずだ。

渋沢アンドロイドの講義を受ける

埼玉で今、一番熱いエリアといえば深谷市じゃない？　地元出身の渋沢栄一が主人公の大河ドラマ「青天を衝け」が始まって、市も力が入ってるみたいね。

埼玉出身者が大河の主人公になるなんて、最初で最後だろうな（しみじみ）。

「渋沢栄一記念館」で見た、渋沢栄一アンドロイドの講義なんて攻めてるよね。

オレ的にはちょっとビミョーだったけど。徒歩で街を回る観光客向けの循環バスも、もう少し便数増やすとかがんばってほしい。埼玉の観光に不慣れな感じが出てるかも。

相変わらず地元に厳しい……アンドロイドは同じく深谷出身のドトールコーヒーの創業者・鳥羽博道名誉会長の寄付金でつくられたんだって。埼玉でも県北の人は地元愛が強い気がする。

レイコ　オススメの食べたい！

深谷名物のうどんが煮ぼうとう。ほうとうというと山梨のイメージですが、深谷流は山梨流のみそ味ではなく醤油味。深谷ねぎほか野菜が盛りだくさん。渋沢栄一の好物でもあったそう。

県北に位置する深谷市。駅からちょっと歩けば名産のねぎ畑が広がり、のどかというかド田舎!?

今、そんな静かな町が生んだヒーローにスポットが当たり、熱く燃えている。2024年度刷新予定の新1万円札の〝顔〟であり、2021年のNHK大河ドラマの主人公となった実業家・渋沢栄一だ。

ドラマにも描かれるように深谷市血洗島の豪農に生まれ、家業の畑作、藍玉《あいだま》の製造・販売に従事しながら、世の流れで尊皇攘夷《そんのうじょうい》の思想に染まっていく。しかし、その後、仕えた一橋（徳川）慶喜が第十五代将軍となったことで運命が変わる。慶喜の弟、徳川昭武がフランスのパリで開かれる万国博覧会に参加する際に随行し、留学。帰国後は第一国立銀行をはじめ、500余もの企業の設立に関わる。

〝近代日本経済の父〟と称されるように、渋沢がいなければ、今の日本も東京の発展もなかったかもしれない。

その足跡をたどるならば、まずは玄関口となる深谷駅に注目。

「この外観、既視感あり」と思った人は大当たり。実は深谷産のレンガでつくられた東京駅をモチーフに建てられたもので、深谷のレンガ産業の歴史は渋沢が設立した日本煉瓦製造に端を発する。深谷のレンガがあったからこそ、日本近代建築の父・辰野金吾の代名詞ともいえる美しい東京駅舎が生まれたのだ。

また、渋沢翁の愛称で親しまれた人物像にリアルに迫るならば、渋沢栄一記念館や旧渋沢邸・中の家《なかんち》に置かれた2体のアンドロイド（人間型ロボット）にもご対面したい。同市出身のドトールコーヒー創業者・鳥羽博道《とりばひろみち》名誉会長の寄付金を受け（その額、1億とか数千万とか！）、アンドロイド製作者の第一人者として知られる大阪大学教授・石黒浩の監修により製作された。

渋沢の写真や音声などを参考につくられ、『論語と算盤《そろばん》』に代表される「道徳経済合一説」についての講義が、表情や身振りもリアルに拝聴できる。

さらに足を延ばすならば隣県の群馬へ。

日本最大の輸出品だった生糸生産を担った富岡製糸場でも、渋沢は設置主任として尽力した。ちなみに富岡製糸場の美しい木骨レンガづくりの建物は、深谷から来た瓦職人が中心となって焼いたレンガが使われている。

深谷は中山道随一の宿場として栄えた歴史を擁し、街歩きも楽しい。特に歴史ある酒蔵の跡地を活かした「七ツ梅酒造跡」には、酒蔵を改装したという珍しい映画館・深谷シネマなどがありノスタルジー満点。歴史を辿りつつ、渋沢も愛したという深谷名物のうどん、醤油味の煮ぼうとうに舌鼓を打つのもよい。

深谷駅は東京駅にそっくり、というかこちらが本家!? アンドロイドの講義では渋沢の共著『論語と算盤』から「利潤と道徳を調和させる」という経営哲学を聞くことができます。

たび活×住み活 8

幸手・権現堂の桜に「彩の国」を感じる

初めて来たけど幸手の権現堂堤、桜と菜の花のコントラストがキレイ！　朝7時前なのにこんなに見物客が多いのもうなずける。キミの出身地、これは文句なしに自慢できるよ！

まあ、桜の季節だけは情報番組なんかでも紹介されるからなー。前は菜の花はなかったんだけど、夏はあじさい、秋は曼珠沙華、冬は水仙って花を植えてアピールしてるみたいだ。

幸手だけじゃなくて電車に乗ってても、あちこちで桜並木を見かけたね。

埼玉県の愛称「彩（さい）の国」っていうぐらいだからな。ただ、最初に生まれたご当地キティの埼玉版が動物のサイの頭をかぶったダジャレなヤツで……。

……ド、ドンマイ！

ヒロシ　オススメの知っておきたい！

権現堂堤は利根川の支流だった権現堂川の氾濫から江戸を守るため、堤が築かれたのが始まり。堤の決壊で大洪水が起こった際、人柱となった巡礼の母娘の供養碑がひっそり立っています。

全国1位の数を誇る40の市があり、その他、22の町、村1つを擁す埼玉。旧浦和・大宮があるさいたま市、観光で人気の川越や秩父、草加せんべいの草加ぐらいは知っていても、その他となると「どこ?」となるケースも多い……。

県東部に位置する幸手市もそのひとつ。「幸せを手にする」なんて素敵な名前なのに、知名度が低いため、出身地を聞かれると「春日部《かすかべ》の方」などと答えてしまう市民も多い（ヒロシの実話）。

だが、そんな幸手市が、全国キー局の情報番組にも登場するほど脚光を浴びるのが桜の季節。関東有数の桜の名所で知られる権現堂堤《ごんげんどうつつみ》に、埼玉県民ならずとも近郊の都市からも多くの見物客が訪れる。

その魅力は1000本を超える桜並木に加え、黄色の菜の花のコントラストが楽しめること。視界の邪魔になるような高い建物もないため、一面の桜堤を満喫できる。

実は埼玉は首都圏にあって花の名所が数多い。ソメイヨシノが咲き誇る大宮公園がある大宮区、見沼《みぬま》代用水の西縁《にしべり》・東縁、見沼通船堀《つうせんぼり》を結ぶ総延長20㎞超の「散策できる日本一の桜回廊」がある緑区では桜を区の花としている。

その他、与野公園のバラ、樹齢1200年余りの藤棚が楽しめる「牛島の藤（藤花園）」

（春日部市）、芝桜が楽しめる「羊山《ひつじやま》公園」（秩父市）、約１４００〜３０００年前の42種類・12万株の蓮の花が見られる「古代蓮の里」（行田市）などなど、一年中どこかでキレイな花を楽しめる色彩豊かな県なのだ。

〝花より団子〟派も、ぜひ県内を巡ってまさに「彩《さい》の国」を堪能したい。

ちなみに、幸手市では「ハッピーハンド（幸せの手）」を街づくりのキーワードに、毎年市民に感動や幸せを与えてくれた人を投票で選び、その人の手形をモニュメントにして市役所など市内に展示している……のだが、近年は受賞者の発表はしているものの手形の数が増えていないようで……幸手、ガンバレ！

幸手・権現堂堤
わっ
桜と菜の花のコントラストがキレイー!!
それにしても
早朝から人が多いな
ワラ
ワラ
ワラ
ワラ
奇跡の1枚を狙って!
パシャッ
パシャッ
いつまで撮ってんの!!
キレイすぎてついつい…
いつもキミ、埼玉をディスってるけど桜の名所は自慢できるねー
でも、ここには悲しい言い伝えがあってさー
どっかに碑があったハズ…
あっ!コレコレ
昔、洪水が起こった時に人柱になった母娘がいてな…夜な夜なココには幽霊が…
ヒイイイイ
さわやかな春の日にヤメテー!!
※幽霊はヒロシの作り話です

住み活×たび活 9

日本初のタワマンと東洋一の団地の歴史を思う

実は日本初のタワマン（タワーマンション）って旧与野市にあるらしい。見に行ってみようぜ。ほらっ、北与野駅前の与野ハウス、アレだ。

へー、こんなところに、意外。

東洋最大といわれた団地があったのも埼玉。東武伊勢崎線沿線の獨協大学前駅（草加松原）近くの草加松原団地で60年代にできたらしい。東武線沿線って、他にもマンモス団地がたくさんあってさ、昭和末期ごろは乗車率300%とかいわれてたんだよなー。

300%!?　なんじゃそりゃ。超ラッシュの電車で東京に出勤してた当時の埼玉リーマンはお疲れ様だね。

日本の高度経済成長は、ラッシュに耐えた埼玉人のおかげなんだぞ！

ヒロシ　オススメの知っておきたい！

旧与野市はさいたま市中央区となり、与野の名残は駅のみ。しかし与野駅があるのは旧浦和市で現在は浦和区。与野がつく駅はその他、南与野、与野本町、北与野があります。ヤヤコシ。

埼玉らしさを感じる景色といえば、県郊外のロードサイドに加え、その両脇に広がる多数の一戸建てが立ち並ぶ住宅街。実は埼玉は２０１９年の新設住宅着工戸数で全国5位。建設中の一戸建てもよく目にする。東京都心部では夢の一戸建ても、埼玉郊外なら比較的手に入りやすいため、若い子育て世代の移住も増えている。

一方、東京寄りの県南、川口市や草加市、和光市、旧浦和、旧大宮、旧与野市のさいたま新都心エリアで目立つのが高層マンションやタワーマンション。歴史的に見ても、１９７６年、北与野駅前に建てられた与野ハウスは、高層棟は高さ66ｍ、21階建てで、タワー型超高層マンションの第1号とされている。

また、高度経済成長期の62年、東京の住宅不足を受けて、日本住宅公団（現ＵＲ都市機構）によって造営され、東洋一といわれたマンモス団地が草加松原団地（草加市）だ。

２０００年前半から、建て替え事業が進み、名称も草加松原団地から「コンフォール松原」と変更。17年には最寄りの駅名も「松原団地駅」から「獨協大学前駅（草加松原）」へと改名された。やや古臭い響きもある〝団地〟のある街から大学のある若々しい街へのイメージアップをはかった格好だ。

ちなみに副駅名の「草加松原」とは駅東口の旧日光街道、綾瀬川沿い約１・５㎞の松並木のこと。江戸時代から「千本松原《せんぼんまつばら》」と呼ばれ親しまれてきたこの遊歩道は、美しい景観をもつ道として「日本の道百選」「利根川百景」に選ばれてきた。14年3月に国指定の名勝「おくのほそ道の風景地」にも指定。松尾芭蕉の像や芭蕉の詠んだ歌から命名された木目模様の和風太鼓橋「矢立橋《やたてばし》」や「百代橋《ひゃくたいばし》」など写真映えする見どころもある。

草加といえば、草加せんべいを思い起こす人も多いだろう。少し歩けば、地元名産の「草加せんべい発祥の地」の碑も立っている。

草加が宿場町として栄えていたころ、町の茶屋で働いていたおせんさんという女性が旅人相手に売っていた団子の売れ残りに悩んでいた。そこで客の侍から「団子を平らにつぶして天日で乾かし、焼き餅として売る」というアイデアをもらい、誕生したという。

一般的によく知られている誕生ストーリーだが、草加せんべいの「おせんさん」の話は昭和時代につくられたものだとか。元々、米どころだった草加では農家の人たちが余った米を団子状にし、乾かしたものを保存食としていた。江戸時代、宿場町として茶屋や商店ができ、保存食だったせんべいに醤油を塗って売るようになったのが始まりで、そこからせんべい店が増えていったという。

歴史的景観を保全する一方で、22年には駅西口にある松原団地記念公園に接する形で、約３３２７坪の大規模ショッピングセンターも完成予定。江戸から昭和初期、そして令和と新旧あれこれコンテンツが楽しめる草加。草加松原は、地元の人の散歩やジョギングコースとしても親しまれており、せんべいをかじりながらぶらぶら散歩もいい。

草加は東京に隣接し、高層マンションが多く立つ地ながら、松並木、和風の太鼓橋など、美しい景観が楽しめます。

たび活×住み活 10

イタリアン対決！ るーぱん VS 馬車道 VS サイゼ

今回はチェーン店によく行ったな。イタリアンだけで3チェーン！　「るーぱん」で印象的だったのは、イカ・納豆サラダにアンチョビドレッシングかな。

定番人気というボンゴレはおいしかったかというと……（苦笑）。「馬車道」は店舗の見た目はバブルっぽかったけど、テーブルの配置がゆったりしてて、スパゲティもなじみのある洋食風でフツーにウマかったかも。

女性スタッフの矢絣の着物と袴の制服もリアルはいからさんだったね。

あと、サイゼリヤ。イタリアンのミシュランシェフがサイゼリヤでバイトして書いた本を読んだけど、ここのエスカルゴは実は高級店よりウマいらしい……。

しかも400円！

レイコ　オススメの買いたい！

テレビで紹介されたのを機に「るーぱん」の名物となったアンチョビドレッシング。通販でも買えますがすぐ品切れするほどの人気で、地元のファン曰く「知られてほしくなかった……」。

山田うどん以外にも、数々の飲食チェーン店を世に送り出したチェーン天国・埼玉。オシャレモードのイタリアンも肩ひじ張らずに楽しめる店がそろう。

まず、一定世代から上の埼玉っ子が「子どものころ、家族でよく来た」「金のない学生時代、ピザ半額デーに爆食いした」「昔、ビッグパフェが好きだったな」などとなつかしむのが1972年創業の老舗チェーン「ピッツァ&パスタるーぱん」だ。

ここでまず頼むべきはスパゲティのボンゴレ赤。トマトベースのボンゴレロッソで（ボンゴレ白は塩味のビアンコ）、柔らかめの麺に優しい味わいのスープパスタ風だ。「アルデンテじゃないの？」……なんて野暮なことは言いっこなし。これぞ埼玉っ子が愛するソウルフードなのだ。ややあっさり味のトマトソースを残し、サイドメニューのバターライスの洋風おにぎりをぶちこんでリゾット風にして食べるのもオススメだ。

もう一点、意外な人気メニューがイカ・納豆サラダに同店オリジナルのアンチョビドレッシングをかけたもの。納豆をイタリアンで出すとは大胆だが、これにアンチョビドレッシングをかけるとクセになる。

値段も優しい。ピザはなんと440円、スパゲティは495円からあり、毎週金曜日の「ピザ半額デー」には大きいサイズ（同店ではドリームと呼ぶ。小さい17㎝のサイズはハッ

ピー）の27㎝のピザのうち3種類が半額の600円程度になる。インテリアもログハウス風で、薄暗い雰囲気が妙に落ち着く。店によっては片隅にジュークボックスがあったりと、〝ダウドン〟（P18）とはまた異なるバタ臭いなつかしさを醸し出している。

一方、「るーぱん」とは違った意味でどこかノスタルジックながらも高級感を演出しているファミレスが「馬車道《ばしゃみち》」だ。

創業は「るーぱん」と同じ72年。始まりは熊谷の小さな焼き肉店だった。今はイタリアンを中心とするファミレス以外に和食や創業事業の焼肉レストランも展開している。特に、イタリア製の麺を使ったスパゲッティが売りで、「家族で馬車道で食事というとちょっとしたごちそうだった」「アルデンテを知ったのはココ」という幼少の思い出を持つ地元っ子もいる。

お出かけ気分をさらに盛り上げるのは店内のインテリア。ステンドグラスやシャンデリアなどややバブリーながら、女性スタッフの制服は矢絣《やがすり》の着物と袴《はかま》。文明開化の香りを漂わせている。少々高めのメニューもあるが、天井が高く、テーブルの間隔も広々としている。プチぜいたく気分を味わうには最適だ。

創業地は千葉ながら、97年より吉川市に本社・工場を置くのがあの「サイゼリヤ」、通称サイゼだ。今やカジュアルイタリアンの代名詞となった同店。圧倒的なコストパフォーマンスは他の追随を許さない。

これもアパレル業界で定着した「ＳＰＡ（販売から製造、開発までを一貫して行う）」を外食業に当てはめた「製造直販業」スタイルを確立したからこそ。海外にも自社農場を持ち、独自のルートで食材やワインを輸入。セントラルキッチンスタイルで吉川市の工場ほかハンバーグや人気のミラノ風ドリアなどの製造のために設立したオーストラリアの工場で加工し、店舗では包丁を使わないのは有名な話だ。

また、無料で使い放題のオリーブオイルや独自の調味料を使ったさまざまなカスタマイズメニューも提案している。お仕着せのコースメニューも置くことなく、自分好みのイタリアンの究極の形を再現できるため、日本に住むイタリア人のファンも多い。

埼玉の三者三様、お気軽イタリアンチェーン。全国区のプレイヤー「サイゼリヤ」だけでなく、地元密着型でがんばる「るーぱん」や「馬車道」もぜひトライしたい。

中華対決！ 日高屋 VS ぎょうざの満洲

熊谷駅構内に埼玉発祥の「日高屋」と「ぎょうざの満洲」が並んでるよ。ハシゴして味比べしてみようぜ。

チェーン店は飽きたなー。味つけも中年夫婦にはヘビーだし……。

確かに「日高屋」はぎょうざも野菜炒めも味が濃いめだな。客の大半が男性なのはそのせいかー。

次は「ぎょうざの満洲」へ。あっ、ここのぎょうざ、肉の脂ジュワー系じゃなくてさっぱり、カリッと焼き上げてあって私、好みかも。年配の女性グループやファミリーが多いし、野菜炒めも優しい味つけだね。共通してるのは、どっちも日常使いでちょい飲みしやすいところかな。

レイコは、結局、ソコ（苦笑）！

レイコ　オススメの行きたい！

埼玉発の名物喫茶店も。それが「珈琲屋OB」。本店のログ八潮店はその名の通りログハウス風で名物は金魚鉢のようなグラスに入った飲み物やビッグなパフェ。私らには完食ムリですが。

今や首都圏を中心に「熱烈中華食堂　日高屋」を始め、400店舗以上を展開するハイデイ日高。その原点のラーメン店が大宮にある。居酒屋などが並ぶ雑踏でひときわ目立つ「中華料理　来来軒」の看板。ここが1973年に生まれた「日高屋」の聖地なのだ。

93年には東京に進出し、99年には株式を公開。ハイデイ日高という会社名は、創業者であり現会長の神田正が埼玉の日高市出身であることに由来。日(デイ)、高(ハイ)にかけ、「おいしいラーメンを食べてハイな一日に」という思いを込めてつけたという。なかなかポップなネーミングなのだ。

同社の急成長を支えてきた戦略として知られるのが〝コバンザメ商法〟。先行して多店舗展開しているマクドナルドと吉野家の近くに出店するというもので、飲食チェーンの二強にくっついて店舗展開すれば、立地調査をする必要がないという逆転の発想。東京の隣で経済成長の恩恵をうまく享受してきた埼玉らしい会社といえるかもしれない。

一方、64年、所沢に開いた中華料理店「満洲里」を発祥とするのが「ぎょうざの満洲」(現在は本社・坂戸市)。素材にこだわり、「農家と共に」を経営理念に野菜、豚肉、小麦粉など国産品を中心に使用。産地をホームページで公開し、自社農園も展開している。

ちなみに中華風マスコットの「ランちゃん」は、池野谷ひろみ社長がモデルだ。

宿場町・浦和のうなぎに舌鼓

格安チェーンばかりハシゴしてたから、たまには老舗店で奮発！　浦和名物のうなぎ、食べるぞー。

浦和の「山崎屋」さん、さすが内観も趣あるね。

オレ、せっかくだから一番高い「共水二本筏重」ってヤツにする。

共水うなぎって静岡の幻のブランドうなぎだって……ゼータクだなー。私はやっぱりまずは肝焼きを……。来た！　この肝焼き、肝がフレッシュでフワフワ！

かば焼きもたれがあっさりめで、レイコは好みなんじゃない？

うん、たれで食べさせるんじゃなくて肉厚のうなぎの本来の味がするね。

B級グルメが多い埼玉だけど、これは文句なくA級だね。

ヒロシ　オススメの食べたい！

もっと気軽に食べるなら、大宮駅近くの「大宮うな鐵」もオススメ。肝のほか、レバやヒレ、カブトなど希少な部位の串焼きがそろい、うなぎ豆腐などオリジナルの一品料理も豊富です。

浦和駅西口ロータリーの一角にたたずむおにぎり型の頭をしたキャラクター。その正体は、浦和名物のうなぎをモチーフにしたマスコット「浦和うなこちゃん」。あの人気アニメ「アンパンマン」の作者として知られる故・やなせたかしによって考案されたものだ。
海なし県ゆえに魚介グルメのイメージがない埼玉だが、江戸時代、浦和周辺は沼地が多く、川魚が生息する水郷地帯で、うなぎの生息に適していたとか。そこで川や沼で獲れたうなぎを中山道の宿場町・浦和宿を行きかう人々にかば焼きにして提供し、評判に。これが浦和名物・うなぎの誕生だという。

時代は移り、地場のうなぎはいなくなったが、受け継がれてきたうなぎのかば焼きの技術、伝統の味は今も息づき、浦和周辺に十数件のうなぎ専門店が位置する。

さらに埼玉は県全体で見ても水路が豊富だったため、浦和以外にも旧宿場町エリアを中心にうなぎの名店が点在している。

うなぎ以外の珍しい川魚では、県南東部の吉川市は「なまずの里」と称し、なまず料理が名物。〝なまりん〟なるイメージキャラクターも存在し、吉川駅前には名古屋の金のシャチホコ顔負けの、金ピカな親子なまずのモニュメントが鎮座している。お土産では、なまずのエキスが入った「なまずコーラ」なるものも。なんか精がつきそう……（笑）。

海なし県の市場メシにノックアウト

ここが大宮市場で人気の「花いちかー。中おち丼と海老フライのセットが人気で、店員さんにジャンケンで勝つと海老フライが倍になるらしいよ。

そんな食えねえだろー。オレ、いろいろ海鮮が載ってるスペシャルわがまま丼にしようかな。

私はシンプルに鉄火丼にしよう。向こうの人が食べてる海老フライ、すごい量。ジャンケンに勝っちゃったのかな（苦笑）。（着丼）エッ！　何、このマグロの量。メニューの写真と違う……写真より何倍も多いってどういうこと（泣）。

こっちもメシの量、結構あるぞ。あー、若い時はもっと食えたのになー。

海なし県の市場といって、侮るべからず……。

レイコ　オススメの食べたい！

市場の食堂では海鮮以外にも旨辛うどんの発祥という武蔵野うどんの店（ジョロキア地獄なんてメニューが！）、寿司店、洋食店などラインアップも多いのでいつ行っても楽しめそう。

大宮駅からニューシャトルに乗って吉野原駅に降り立つと、街道沿いに工場や倉庫などが並ぶ。埼玉郊外ならではのどこか殺伐としたエリアの一角にドーンと広がるのが関東最大級の仲卸市場を謳《うた》う大宮総合食品地方卸売市場。鮮魚、精肉、青果ほか日用品が売られており、一般人も買い物が可能。マグロ専門店などでは、大きなマグロの柵《さく》や刺身がオトクな値段で買える。海なし県の意外な穴場だ。

無論、市場だからこその新鮮素材を使った食堂も複数並び、買い物がてら朝食やランチにもいい。

なかでもテレビのロケ番組でもよく登場する海鮮で有名な店が「花いち」だ。創業１９７１年の老舗ながら、ジャンケンで勝つと通常、４本盛りの海老フライが８本になるジャンケン企画を実施したり、日本一ジャンボな海老フライを謳うシータイガーを使った35㎝の海老フライを提供するなど、ユニークさを発揮している。

そもそも、普通サイズの丼もデカ盛りとみまがうほどの盛りのよさで、値段もイチオシの中おち丼、海老フライ４本、かに汁のセットで１３００円と破格だ。大食い自慢の人ならぜひあれこれ挑戦してほしいが、タビスミ隊がギブアップしたように、小食の人は気をつけたい。

また、ロードサイドでイキのいいネタが気軽に楽しめる埼玉発の回転寿司チェーンもある。**「がってん寿司」**だ。

創業は寄居町。100円均一の安さが売りの回転寿司が主流だった時代から、**グルメ回転寿司**と呼ばれるジャンルで、「手に届く贅沢」をモットーに急成長してきた。2011年には東日本大震災の自粛ムード、加えてカリスマ創業者の急逝というピンチに見舞われるが、その妹（現会長）が代表となり女性の視点で店づくりに取り組む。

愛媛の宇和島で独自の配合のエサで育てたオリジナルブランドの鯛（がってん真鯛）を提供するなど、格安チェーンとは一線を画し、値段は少し高めながら顧客満足度ランキングでナンバーワンを獲得。従業員の家族・親族を店に無料で招待して寿司を振る舞う**従業員感謝デー**を実施するなど福利厚生にも力を入れ、後継者不足に悩む地方のすし店を買収するなど、寿司文化の存続にも貢献。洋食や中華もグループ傘下に持つ外食産業として、海外にも進出している。

海なし県ながら、意外にもウマい海鮮を手軽に食べられる店がそろう埼玉。侮るべからず！

へえ〜
ジャンケンで勝つと海老フライ倍増だってー
市場食堂 花いち
花いち
ジャンケン大会と倍になるサービ
面白い店だね
さすがに勝っても食えないから…
スペシャルわがまま丼
オレ、いろいろ載ってる
私、フツーの鉄火丼にする
あっ、見て あっちのお客さん、ジャンケンで勝っちゃったぽい（笑）
なんでこういう時にかぎって
ジャンケン勝つかよ〜!!
フフフ
メニューの写真より大盛りって
マジで〜
どういうことっ!?
レイコ注文鉄火丼
ドーン
←はみでてる。
こっちも白メシの量なかなかスゴイぞ（笑）

埼玉発・ヤオコー、しまむらの威力を知る

ロードサイドって飲食チェーンも多いけど、大型スーパーも目につくね。特にどこに行っても目立ってるのがヤオコーかな。業績も好調で2021年は連続最高益更新で更新年数ダントツ1位って新聞にも出てた。

東京より地価が安い埼玉に集中出店してるから固定費が低いんだろうな。

珍しく税理士視点のマジメな意見、出た（笑）。地元の人に聞いても「野菜や肉が新鮮」「惣菜がおいしい」って評判がいいみたい。

埼玉発祥の小売りといえば、しまむらもそうだっけ。

うん、どちらも小川町発祥。その他にもマミーマートは東松山発祥で、お弁当や惣菜に定評があるし、秩父発祥のベルクもイオンと提携して好調みたい。

レイコ　オススメの買いたい!

ヤオコーで人気商品の1つが“手握りおはぎ”。おはぎで有名な宮城・仙台のスーパー「主婦の店さいち」でノウハウを学び、おはぎを握る資格を得るための技術認定試験もあるとか！

埼玉県小川町。ユネスコ無形文化遺産に登録されている手すき和紙（細川紙）の技術が息づき、古い街並みの風情、良質な水と盆地特有の気候から酒づくりが盛んなどのバックグラウンドから「武蔵小京都」の異名を持つ。

そんな〝はんなり〟モードにあって、交通の要衝として栄えてきた歴史から、後に急成長する繁盛店を生んだ地でもある。食品スーパーのヤオコーと、ファッションセンターしまむらを核とするしまむらグループだ。

ヤオコーは、１８９０年、川野幸太郎が八百幸商店を創業したのが始まり。小さな食品店が全国区に展開する一大チェーンへと進化したのには、現会長の川野幸夫の母親、川野トモの功績が大きい。養子として若いころから同店を支えた人生から「小川町のおしん」と呼ばれるほど。今や、あの三越伊勢丹を時価総額で上回るというから驚かされる。

しまむらもスタートは小川町の呉服販売の個人商店だった。１９５３年、株式会社に組織変更し、島村呉服店を設立。量販店を志向し、いち早くセルフサービスシステムを導入するなど変革を遂げてきた。芸能人のファンも多く、同店の服を愛用する〝シマラー〟なる言葉が流行った後も、コロナ禍にあって増収増益を実現している。

東京からの移住者増も追い風に、郊外型の埼玉チェーンの快進撃はまだまだ続きそうだ。

たび活×住み活 15

防災地下神殿を探訪

前にテレビでも見た地下神殿探訪ツアー！　冒険チックで楽しみだー。

埼玉って川が多くて低地だから水害が多かったんだよな。防災のためにつくった放水路を公開して観光資源にするとは、さすがアニメの「クレヨンしんちゃん」で知名度を上げた春日部、抜かりない……。

おー、これが河川の水を流すための調圧水槽？　パルテノン神殿みたいって、本物、見たことないけど(笑)。

こっちにはさらに地下深く、洪水時に水を一時的にためる立坑があるぞ。

近づいただけで足がすくむー。

命綱つけて立坑の上の作業員用通路をグルッと回って、階段で下まで降りていく立坑ツアーもあるらしい。

高所恐怖症なのに、死んでもムリ！

レイコ　オススメの知っておきたい！

この放水路は大ヒット映画『翔んで埼玉』のロケ地として、「世界埼玉化計画」を掲げた秘密のアジトの地下宮殿として使われました。世界埼玉化計画って……（笑）。埼玉県人、必見！

県内を流れる一級河川の数は荒川水系、利根川水系で合計１６２本。県土に占める河川面積割合が3・9％と日本一の川の国・埼玉。実際、埼玉県の地図を見ると、まるで血管のごとく県内を縫うように大小の川が流れていることがわかる。

よって、河川の合流点が多く、特に県東部の中川・綾瀬川流域は低地で利根川、江戸川、荒川の大河川に囲まれているため、大雨の際には浸水被害に悩まされてきた。そこに都市化の進行が加わり、人口が急増。さらなる浸水被害のリスクが長く指摘されてきた。

こうした状況に鑑みて、２００６年、県東部の春日部市にできたのが首都圏外郭放水路、通称「防災地下神殿」だ。台風や大雨で中小河川が増水した際、最終的に江戸川に流す役割を担っており、地下約22mに、長さ１７７m、幅78m、高さ18mにおよぶ巨大な調圧水槽（地下トンネルから流れてきた水の勢いを弱め、スムーズに流すための巨大プールのようなもの）に、巨大な柱が59本立ち並ぶ様子は、まるで地下神殿のような眺め！

防災施設として世界最大規模を誇り、米国CNNなどが取材に来たほか、一般向けの見学会を実施している（予約制）。春日部といえばアニメ「クレヨンしんちゃん」の舞台として〝聖地巡礼〟で知名度を上げたが、負けじと県外からも見学客を集める人気スポットに。昨今、異常気象で水害が多発するなか、防災意識を高めるためにも一見の価値アリだ。

また、埼玉で川に関する日本一はもう1つある。鴻巣市と吉見町間の御成橋《おなりはし》付近の荒川の幅で、河川敷を含めた両岸の堤防間が2537m。ここも川幅を広くとることで、洪水が起こった際の水を一時的にため、下流での被害を最小限に防ぐのが目的だという。

やや地味な日本一ではあるが、鴻巣では「川幅日本一」で町おこしをするべく、麺の幅が8㎝前後の太〜い「川幅うどん」を考案。元祖となった店「久良一《くらいち》」を始め、市内複数の飲食店で個性豊かな幅広なうどんを提供している。

実は埼玉は後にも紹介する嵐山渓谷《らんざんけいこく》バーベキュー場や長瀞《ながとろ》ライン下りなど、川遊びスポットが数多くある。埼玉県でも「川の国・埼玉〜海はないけど日本一の川がある〜」と謳い、魅力を発信中！　夏は混雑しがちな湘南あたりのビーチに繰り出すより、埼玉の河川へGO！　がタビスミ隊のオススメだ。

59本の柱がズドーンとそびえる様子はまさに地下神殿!
映画やドラマの撮影場所でもよく使われています。

たび活×住み活 16

秩父でホルモンのウマさに目覚める

今回の埼玉グルメで、いい意味で予想を裏切られたのがホルモンだったな。

どこでご当地ホルモン食べても、「ホルモンって〝放る（捨てる）もん〟だったんだろ」ってバカにしてたのが、初めて「ウマい！」って言ってたもんね。キミもようやく目覚めたか（笑）。

味もそうだけど、オレらが行った店「高砂ホルモン」は、人気店なのに店主の接客が丁寧で、「焼きすぎないように」っていろいろアドバイスしてくれたのもよかった。

それ重要ね。常連客だけじゃなくて、一見客にも優しいという。

レバーもすごく新鮮で、地元じゃ「生のレバ刺で食べられる」っていうウワサもあるらしい（笑）。

いや、それダメでしょ（笑）。

ヒロシ　オススメの食べたい！

同じく秩父で人気の和食店「ちんばた」で食べた、でっかい豚カツが入ったわらじカツ丼もおいしかったです！　高台にあり眺めも最高。山に囲まれた秩父らしさを味わうのにもいいです。

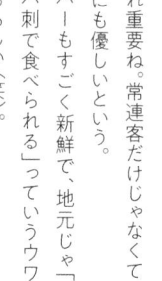

花や山、湖など自然にあふれ、伝統的な祭りも盛んな県内随一の観光地・秩父。この地で古くから地元っ子に愛されているソウルフードがホルモンだ。

ルーツは諸説あるが、戦後、地元にあった養豚場で働いていた人が、処分されていた内臓肉を焼いて提供しだしたのが始まりとか。酒のつまみとしても値段も手ごろな栄養源として親しまれ、**「フツーの焼肉よりホルモンデビューのほうが早かった」**という地元っ子も。家族で気軽に行く日常的な外食メニューとしても定着している。

実は埼玉は県北を中心に養豚が盛んで、新鮮なホルモンを仕入れやすいのも特徴。新鮮ゆえに焼きすぎないように注意し、店によって異なるみそや醤油をベースにした辛めのタレで食べるのが秩父流。どの店も一皿400円程度と格安なのも人気の秘密だ。

また、ホルモンの他にも、秩父土産としても人気なのが豚肉や鹿肉、猪などのみそ漬だ。大正5年創業の「**味噌漬け本舗　安田屋**」や、大正4年創業の「**秩父豚肉味噌漬本舗　せかい**」など老舗店が位置する。こちらは山深い秩父にあって地元の猟師たちが獣肉を捕獲した際、保存用に肉を手づくりみそにつけたのが始まりだとか。みそで甘辛く、柔らかく漬けこまれた豚肉はご飯とも相性もバッチリ。こんがり焼いた豚肉みそ漬をご飯に載せた、**みそ豚丼**を提供する店も多い。

「高砂ホルモン」では秩父名物のかぼすを使ったかぼすサワーもいただきましたが、これが肉に合う!

さらに〝肉推し〟が続くが、秩父地方のなかでも特に小鹿野《おかの》エリアの名物が、わらじカツ丼。スタイルは店によっても多少異なるが、フタからはみ出すほど、わらじのように大きな豚カツが2枚、丼飯に載っているのがデフォルト。

ヘビーそうだが肉が薄く伸ばされているため、カリッ、サクッとした衣の歯ごたえに、よくしみた甘辛ソースがこれまたご飯に合う。1枚を丼のフタに載せて酒のアテにし、残りの1枚をご飯と一緒に食べてシメるのが地元の酒飲

和食店「ちんばた」では、わらじカツ丼以外にも
秩父で育てられたという地鶏タマシャモもウマかったです。

みのスタイルだという。
山間部だからこその肉々しいメニューが地元っ子に親しまれてきた秩父。自然好きに加え、肉好きならぜひ足を運びたい。

「サイボク」で世界に誇るブランド豚に舌鼓

秩父に限らず、さいたま市だけで見ても豚肉への支出金額が全国3位だって。埼玉人は豚肉好きなのかな。

ふーん、オレは牛肉のほうが好きだけどな。豚のほうが安いから？

ディスってるんかい！

でもココ、日高市のサイボクって会社、独自のブランド豚を育てて、ハム・ソーセージで世界のいろんなコンテストで受賞してるらしい。園内のレストランで食べられるぞ……まずはシンプルにポークステーキ！　おっ、柔らかくてジューシー。豚カツなら、おいしい店は他にもあるけど、ポークステーキでおいしいのは珍しい。

どうしてもパサつくか、脂身がクドいかのどっちかになりがちだもんね。

埼玉の豚肉、侮れん！

レイコ　オススメの食べたい！

サイボクのレストランでは豚肉はもちろんですが、「地元野菜の10品目サラダ」が瑞々しくておいしかったです。埼玉は農業も盛ん。そしてシンプルなサラダがおいしい店は信用できる！

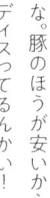

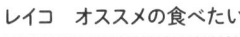

秩父が誇るポークグルメを紹介したが、埼玉で豚肉といえば外せない世界に誇るチャンピオン企業がある。種豚の生産牧場からスタートした、日高市の埼玉種畜牧場、通称・**サイボク**だ。

自社牧場での種豚の開発・飼育から、ハム・ソーセージなどの加工品製造・販売まで一貫して手掛けるほか、レジャー施設**「サイボクの森」**も運営し、アスレチック遊具や天然温泉まである。遊んで、食べて、買い物してと一日中楽しめる〝ミートピア〟なのだ。

そのカジュアルな雰囲気の一方で、同社がこだわる豚肉ブランドへの探求心は実に強い。

戦後間もない１９４６年、食による復興を目指し小さな牧場からスタート。養豚に関する具体的なノウハウがないなか、創業者・笹﨑龍雄は独学で養豚を研究。実学をもとに執筆した日本初の養豚専門書**『養豚大成』**は、世界中で翻訳されるロングセラーとなった。

ジューシーでキメ細かく、脂の甘みが特徴の独自のブランド豚**「ゴールデンポーク」「スーパーゴールデンポーク」**を開発し、それを使ったハム・ソーセージの製造もスタート。２０１１年には世界で最も歴史と権威のある食品コンテスト、ＤＬＧ（ドイツ農業協会）の**国際食品品質競技会で最優秀ゴールド賞**をアジア勢で初受賞。**累計１０００個もの金メダル受賞**を誇る。世界が認めたポーク大国の味、一度は試してみたい。

元祖・クラフトウイスキーの魅力を発見

この秩父神社、地元産ウイスキーの「イチローズモルト」の樽が奉納されてるよ。神社で日本酒樽はよく見るけど、ウイスキーは珍しい。

西武秩父駅前の定食屋「駅前」にも、イチローズモルトのボトルが並んでたな。

そうだ、キミ、一番高いヤツ飲んでたじゃん。味どうだった？

……うーん、まぁうまかった。

ホントに味わかってる（苦笑）？　日本のウイスキーといえば「山崎」とかが有名だけど、今、世界で注目を集めているのが小規模メーカーのクラフトウイスキーで、日本の先駆者が「イチローズモルト」。54本セットが1億円近い値がついたこともあるんだって。

1億……もうちょっと味わって飲めばよかったなー。

レイコ　オススメの飲みたい！

秩父にはワイナリーも。老舗では「源作印ワイン」が有名ですが、今回、気に入ったのが兎田ワイナリーの「酔いどれ兎ルージュ」。名前通りチャーミングな味わいでした。

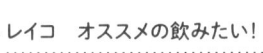

「山崎」や「竹鶴」といった大手酒造メーカーの著名ブランドウイスキーが人気を集めるなか、小規模ながら世界中のウイスキーファンの支持を集めるメーカーが埼玉の地にある。秩父市で２００４年に創業したベンチャーウイスキーだ。代表は肥土《あくと》伊知郎。社長の名前を取った「イチローズモルト」のブランド名で逸品を生み出し、数々の国際的な品評会で世界最高賞を受賞している。秩父が誇るグローバルカンパニーなのだ。

埼玉の地で育まれてきた酒はウイスキーだけではない。実は日本酒生産量は全国５本の指に入り、大消費地の東京のニーズに応え、独自の発展を遂げた隠れ日本酒大国でもある。県内には現在、34の蔵元があるが、そのうちの３つの蔵、晴雲酒造、松岡醸造、武蔵鶴酒造があるのが人口約2万９０００人の小川町。小粒な町ながら、日本三大酒処に数えられる兵庫・灘《なだ》市にちなみ、「関東灘」という異名も持つ。

埼玉で酒づくりが盛んなのは、地形、気候も関係している。例えば小川町の武蔵鶴酒造では、この地の盆地特有の冬の底冷えと清らかな水が、柔らかみのあるおいしい酒を生み出しているという。「イチローズモルト」が生まれた秩父も山に囲まれた盆地構造の寒暖差が芳醇な味わいにつながるとか。地元の木を使った樽、秩父の大麦、水を使った〝オール秩父〟のウイスキーづくりにも取り組んでいるという。これは楽しみ！

たび活×住み活 19

秩父三社巡りでパワーを養う

しっかし、秩父の三峯神社って、ずいぶん山の上にあるんだねー。

標高約1100mだってさ。埼玉東部の低地に慣れてると、同じ県でも別世界だ。それに正月以外でこんなに混んでる神社も初めてだな。

芸能人も来るパワースポットで有名なんでしょ。

お笑いのバイキングとかとろサーモンが、お参り後にブレイクしたとか……。極真空手の大山倍達（ますたつ）の碑もある。ここで修行したんだね。

……格闘技、好きね。鳥居の横に狛犬じゃなくてオオカミの像が並んでるのも珍しい。うーん、空気もよし。

もう少し人が少なければ……。

同感（苦笑）。

レイコ　オススメの行きたい！

秩父三社の寶登山神社の奥宮にもオオカミの形をした山犬が祀られています。また、浦和の調（つき）神社はウサギの像があちこちに。各神社の神の使い（動物）を探してみるのも楽しいですね。

人気お笑い芸人のほか、スケートの浅田真央などのスポーツ選手、俳優などがゲン担ぎに訪れることで一躍注目を集めたパワースポットが埼玉・秩父にある。三峯《みつみね》神社だ。奥秩父の三峰山、標高約１１００ｍに位置し、車かバスでしか行けない不便な場所ながら、休日ともなれば境内が参拝者で埋め尽くされる。

人気の理由の１つが「氣」の文字が刺繍されたお守り（氣守り）。かつて限定で毎月１日のみ配布されていたレアな白い氣守りは、道路の大渋滞を引き起こすほど購入希望者が殺到し、現在は販売休止となっている。

神社を創建した日本武尊《やまとたけるのみこと》の像や樹齢８００年を超える神木、守り神のオオカミ像に出会うだけでも〝いい気〟が養われるはずだ。

三峯神社と並び、秩父三社と呼ばれ人気なのが寶登山《ほどさん》神社、秩父神社だ。

寶登山神社は三峯神社同様、日本武尊が創建。宝登山に位置し、かつて日本武尊が東国平定の帰途、その山の美しさに惹かれ、頂上をめざしていたところ山火事に遭遇。そこで現れた神犬の助けを得たことから、山の名を「火を止める山」として「火止山＝ほどさん」と命名。第一代神武天皇、山の神の大山祇神《おおやまづみのかみ》、火の神火産霊神《ほむすびのかみ》を祀ったのが始まりとされる。

その後、寶登山神社に名が改められ「宝の山に登る」と読めることから、火災や盗難よけ、諸難よけの守護神のほか、金運招福の御利益もあるといわれている。

　三社のなかでも最も長い歴史を擁するのが秩父神社。秩父の成り立ちである知知夫《ちちぶ》国の初代国造（地方を治める役人）の子孫が建てたとされ、秩父エリアの総社として信仰を集める。京都の祇園祭、飛騨の高山祭と並ぶ「日本三大曳山祭《ひきやままつり》」の秩父夜祭が行われる場所でもある。

　ちなみに秩父は年間400近くの祭りが行われる祭り好きエリアだが、それも伝統ある神事がしっかりと受け継がれているからこそ。と、言いながら、祭り好きの男たちのこと、その後は「まあ、飲んべや（飲もう）」となり、奥さんたちは「祭りだ、飲み会だと出かけてばかりで……」とボヤいたりするのだが……。どことなく郷土愛や団結力が弱めのクールな県にあって、秩父の人は結束力が強く、ラテンな熱さを持っているといわれる。

　かつて知知夫国がこの地を支配していたように、埼玉にあっても独立国!?　そのバックグラウンドを知る上でも、由緒正しい神社をぐるり巡ってみたい。

写真上：秩父神社には地元産ウイスキーの「イチローズモルト」の樽が奉納されてます。

写真下：三峯神社の鳥居は、全国でも珍しい三ツ鳥居。まず中央から左をくぐり、戻って右をくぐる。また左をくぐって中央を進むのが正式な通り方だそう。私はフツーに真ん中、通っちゃいましたが（笑）。

たび活×住み活 20

ワラビスタン、ヤシオスタンで海外気分！

県南の蕨って東京に通学、出勤するいわゆる〝埼玉都民〟が多い印象だったけど、外国人の姿が目立つね。

蕨ってワラビスタンって呼ばれてるんだよな。トルコとかイラク、シリア国境近辺に住む少数民族のクルド人が多く住んでて、本来の故郷を指すクルディスタンに蕨を掛けてるらしい。

へー、知らなかった。

で、ここが蕨でクルド人が集まるという店の「ハッピーケバブ」。

お客さんも中東系の彫りの深い人が多いね。トルコに行った時、食べてメチャおいしかったひき肉を使ったアダブケバブがあるよ。今回も頼もう！

うん。でもトルコって親日国で親切な人ばっかりだったけど、クルド人問題を思うとちょっと複雑だよな。

ヒロシ　オススメの行きたい！

ヤシオスタンとは、パキスタン人が多く住むことからつけられた八潮市の異名。市内のパキスタン料理店「カラチの空」ではアレンジなしの現地の味とディープな雰囲気が楽しめます。

19万6537人（2020年6月末時点）で全国5位。コレ、埼玉県の在留外国人数の数だ。国別に見ると最も多数派は中国人だが、県内の在留外国人の国・地域の数は約160に及ぶ。人種のるつぼ状態だ。

なかでも蕨《わらび》市は全国で最も面積が小さい市で人口密度が全国1位だが、人口に占める在留外国人の割合も県内トップで8〜9％超。特にトルコ、イラク、シリア、イランにまたがり、差別や弾圧、あるいはシリア内戦などから逃れてきた少数民族のクルド人が多く住むことからクルド人の故郷を指すクルディスタンにちなみ、〝ワラビスタン〟の異名も持つ。日本に住む在日クルド人は約2000人だが、そのうち約半数が蕨市および隣の川口市に住んでいるという。

蕨や川口にクルド人が集まった理由としては、同胞が多く住んでいること、川口は鋳物産業を始めとする中堅中小企業が多く集積し、外国人労働者が多く住んでいた歴史的背景などが挙げられる。多様な文化に比較的寛容で、都心部に比べて家賃が安いというのも理由の1つだ。

〝ワラビスタン〟の実態を肌で感じるなら、まず足を向けたいのが市内の蕨市民公園。休日になるとクルド人ほか在留外国人が多く集まるという。

現地の味を求めるならクルド人が経営する「ハッピーケバブ」がオススメだ。故郷の味を求めて集まるクルド人らしき中東系の客に囲まれつつ、日本人にも親しみやすい様々な種類のケバブ料理を味わいたい。

異国気分を味わえる場所は他にもある。県内でも外国人比率が5本の指に入る八潮《やしお》市だ。八潮市は周辺に中古車のオークション会場が点在していたことから、現地で人気の日本産中古車の輸出に関わるパキスタン人が多く住むようになったという。そこからヤシオスタンなる異名が生まれ、パキスタン料理店も3店舗ほどある。

その1つでパキスタン大使館の人も訪れるというのが「カラチの空」。カラチとはパキスタン最大の都市で、ここで人気なのがボリュームたっぷりのビリヤニ。ビリヤニとは、スパイスの効いた炊き込みご飯のような料理で、インドやバングラデシュにもある。ここでは日本風にアレンジすることのないパキスタンの伝統的な調理法でつくっており、民族衣装を着て、ヒゲを生やした体格の良いパキスタン男性の個性的な接客もポイントだ。ただし量がハンパなく多いのでオーダーには注意したい。

クルド人問題については、日本では難民申請を繰り返す外国人を送還可能とする入管法

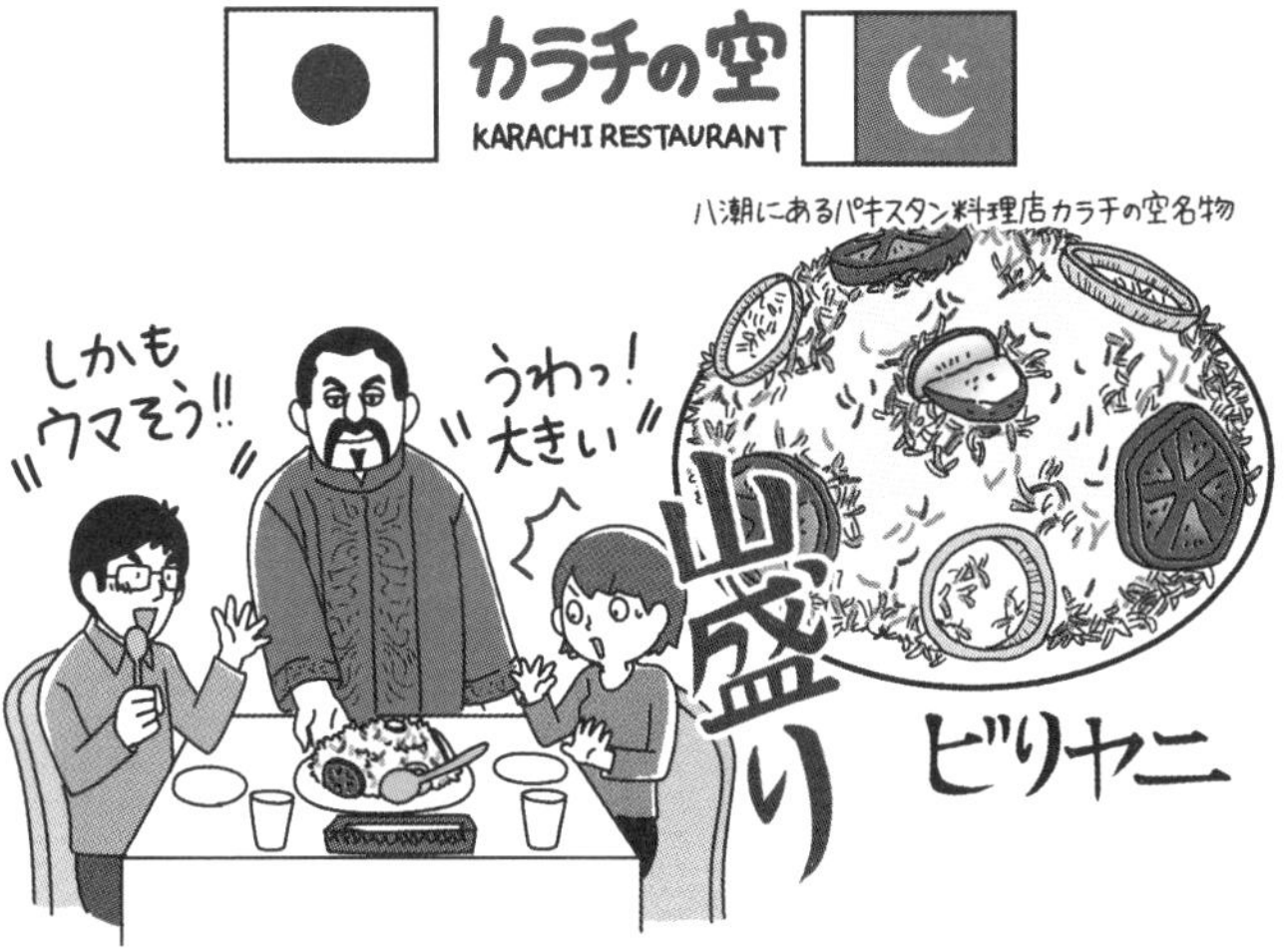
カラチの空
KARACHI RESTAURANT
八潮にあるパキスタン料理店カラチの空名物
しかも ウマそう!!
うわっ! 大きい
山盛り
ビリヤニ

改正案がたびたび審議されている。日本は難民認定率が世界でも低く、難民申請が受け入れられず不安を抱えている人も多い。

もう1つ。クルディスタンの素の顔に迫るなら、クルド人の1年に1回の楽しみ、3月にさいたま市の秋ケ瀬公園などで行われる新年祭・ネウロズに訪れてみたい。民族衣装に身を包みダンスや音楽を楽しむクルド人の姿が見られるとか。

コロナ禍で2020年、21年は中止となったが、再開した暁には屋台で売られるケバブサンドに舌鼓を打ちつつ、ちょっと真面目に国際問題について考えてみるのもいい。

川口のディープ・チャイナタウンを探訪

この大きな団地がそうかな。川口市の芝園団地って、住民の半分以上が中国人なんだって。

へー、川口って外国人の住民の数が全国の自治体でも3番目に多いって聞いたけど。確かに歩いていると中国人っぽい人が目立つし、西川口駅周辺まで来ると中華料理店も多いね。観光地の中華街と違ってディープな感じ。

せっかくだから食べたことのない新疆ウイグル料理店「火焔山」(カエンザン)へ。

ウイグル……未知の世界だなー。

中国の人権侵害で問題になってるね。メニューは……ラム肉が多いな。

ピリ辛の味つけが特徴みたい。

このラムタンの和え物というか炒め物、タンが柔らかくてウマいぞ!

ウイグル料理初デビュー、正解!

レイコ　オススメの買いたい!

ディープな中国料理店も多い西川口駅周辺ですが、駅前の「外灘(ワイタン)」ならビギナーも焼き小籠包などを気軽にテイクアウトできます。カタコト日本語の店員さんはややディープですが。

かつては風俗店が集結し、特に女子には近づきにくい雰囲気があった西川口駅周辺。2000年代初め、町の一斉浄化により風俗店が減少。以前のイメージから地価が下がったまま賃貸物件の空きが増えるなか、この町に住む中国人向けに中国料理店や中華食材の出店が相次ぎ、チャイナタウン化している。

駅周辺を歩いていても中国語が耳につくが、特に日本人より中国人が多く住んでいることで知られているのが川口市芝園町にあるUR管理の芝園団地だ。外国人入居不可という民間の賃貸物件も多かった1990年代ごろから、中長期の在留資格を持つ外国人も借りやすいと中国人が増加。同胞が多く住み、団地内に中国系の店も増え、中国語が通じやすいことから団地自体がリトルチャイナ化したという。

外国人の入居が増えると、文化の違いなどからトラブルも起きやすい。昔から住む日本人高齢者との〝見えない分断〟を解消しようと2015年からスタートしたのが、大学生のボランティア団体による交流活動「芝園かけはしプロジェクト」だ。

差別的な落書きがあった団地のベンチを日中住民で塗り替えるなどの取り組みを経て、防災訓練や書道やスポーツといった交流活動を定期的に開催。これら取り組みが認められ、埼玉県の「埼玉グローバル賞」、国際交流基金の「地域市民賞」を受賞している。

川口オートレース、戸田競艇にトライ

さて、川口で忘れちゃいけないのがオートレース。売り上げも入場者数も全国1位で〝オートのメッカ〟っていわれているらしい。

元SMAPの森（且行）君も川口オートの所属だっけ。あっ、森君のパネルがある……しっかし、来てるお客さんはなかなかディープだね。

確かにガチのギャンブル好きっぽいおじさんが多い……せっかくだから、オレも賭けてみよう！　次のレースに出る青木治親（はるちか）って知ってるぞ。青木三兄弟って有名なんだ。行けー！

……結局、1500円使って、払い戻しは200円。やっぱりギャンブルのセンスはないわね（苦笑）。

よし、次は戸田で競艇にトライだ。

懲りないなー。

ヒロシ　オススメの行きたい！

戸田競艇場に隣接したボートコースは、鈴木保奈美や唐沢寿明らが出演した、大学のボート部を舞台にした90年代のドラマ「愛という名のもとに」のロケ地でもあります。なつかしい！

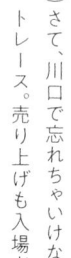

通称・ギャンブル列車などと揶揄《やゆ》されるＪＲ武蔵野線について紹介したが、実は埼玉ならではのコンテンツがすべてそろう公営ギャンブル。競馬は浦和競馬場、競輪が大宮競輪場と西武園競輪場、そして戸田市の戸田競艇場、川口オートレース場だ。

とくに川口オートレース（川口オート）は全国に６つあるオートレース場のなかでも、売り上げと入場者数がともにトップ！　由緒正しき（？）オートのメッカだけあって、来ている客も〝この道何十年〟といった風格が漂う本物志向が多い。昨今、競艇や競馬などはＣＭ効果もあり、若い女子グループやカップルなどライトユーザーも目立つが、ここはヘビーユーザーに敬意を表し、心して観戦したい。

公営ギャンブルが全種類そろう埼玉ならではのテレビ番組も。Ｐ１３６でも紹介している意外にクセの強い地元ローカル局・テレ玉（テレビ埼玉）が放映する長寿番組「ＢＡＣＨ（バッハ）プラザ」だ。作曲家バッハの音楽を流す優雅な番組でもなく、一時〝ヒール〟と化したＩＯＣの某会長を紹介する番組でもなく、埼玉の公営競技の試合結果や予想を行う情報番組。１９９１年の放送開始以来、当日の結果と翌日の展望を３６５日、毎日伝えている。番組名の由来は「Boat」「Auto」「Cycle」「Horse」の各競技の頭文字を取ったもの。ドイツ語読みするあたりがニクい！

大宮ディープ！「伯爵邸」「いづみや」を訪問

埼玉一の都会・大宮にもあんなにディープな場所があったとは驚いた。

まず、大衆居酒屋の「いづみや」な。大宮駅の目の前で朝10時からやってるってやさぐれ具合がスゴい（笑）。

でも店のおばちゃん、親切だったよね。刺身の大根のツマが手切りだから「ちゃんと食べてね」って（笑）。

煮込みが170円で、一番高いマグロの刺身も600円ぐらいだっけ。予想外に新鮮でウマかった。

さらに怪しさ満点だったのが24時間営業の老舗喫茶店の「伯爵邸」かな。

ご当地グルメの「大宮ナポリタン」はまあフツーにおいしかったけど、外国人スタッフが多いせいか、謎のエスニック料理が満載。インテリアもカオス（笑）。

大宮、いろいろ深い……（笑）。

レイコ　オススメの行きたい！

浦和駅周辺もチェーン店より、個性的な居酒屋さんががんばってましたね。タビスミ隊が行ったのが地元で人気の「和浦（わうら）酒場」。料理もお酒もおいしくて店員さんも親切でグッド！

「街が雑然としてるのが苦手」という浦和あたりのマダムや、「県南には負けん！」と息巻く県北の雄・熊谷市民も認める埼玉の一大商業都市が大宮（さいたま市）。昨今は、大宮・浦和といった県中心のさいたま市以外にも、各地郊外にモールなど商業施設が増えているが、一定世代から上の埼玉っ子にとって、大宮デビューは大人になるための第一関門⁉

かつて中高生の健全な遊び場として機能していた大宮ハタプラザで映画、ハタボウルでボウリング、ダイエーでドムドムバーガー、ってな青春を楽しんだ地元っ子は多い。

一方、そんな彼らが「行っちゃダメ」といわれていたのが大宮駅東口に位置する南銀《なんぎん》（大宮南銀座商店会）だ。お色気方向の店も多くあり、うっかり優等生君が足を踏み入れると「南銀をうろつく不良にカツアゲされる」と、まことしやかにささやかれていた。

そんな猥雑《わいざつ》さも魅力の大宮らしさを満喫するならば、ぜひ足を運びたい店がある。

１つ目が大宮駅東口のすぐ目の前に位置するランドマーク的存在、大衆居酒屋の「いづみや」だ。創業は戦後すぐの１９４７年というからまさに老舗中の老舗。本店の隣に第二支店まである。

驚かされるのが朝の10時から開店していること。元は定食屋として開業したためだというが、朝から元気にモーニングコーヒーならぬモーニング酒を楽しむ地元っ子も。もう１

つの驚きが、大宮駅前の一等地ながら大衆居酒屋ならではの優しい価格帯。250円の梅割、170円のもつ煮込みを頼めばワンコインでいい気分になれる。ソロ客が多いので、静かに読書をしつつちょい飲みするのにもいい。

2つ目の必訪スポットが24時間営業の喫茶店「**伯爵邸**《はくしゃくてい》」。こちらも1975年創業の老舗だ。24時間営業なのは大宮に鉄道の車両基地、工場があったため、夜勤明けの鉄道マンが多く訪れていたからだという。

店内に一歩入ってはたまた驚かされるのがアールデコ調の怪しいインテリアの店内に、コスモポリタンなメニューのラインアップ。店長が沖縄出身らしくゴーヤーチャンプルーやスパム、ゆし豆腐といった**沖縄グルメ**のほか、多国籍な従業員から生み出されたのだろうか、ヨーロピアンからアジアンな**エスニック料理**が数多くそろう。

ここで頼みたいのが喫茶店ならではのケチャップを使ったナポリタン、通称「**元祖大宮ナポリタン**」。訪れる鉄道員や工場マンが好んだという人気メニューだ。

現在、ご当地グルメとして「大宮ナポリタン」と名づけ、同店を元祖に旧大宮市内の複数店舗で提供している。

条件は、旧大宮市内に店舗があることと、具材に埼玉県産野菜を1種類以上使うこと。

〝大いなる宮居〟として大宮の地名の由来にもなった武蔵一宮《むさしいちのみや》・氷川《ひかわ》神社の鳥居の朱色、地元サッカーチーム・大宮アルディージャのキーカラーのオレンジにもちなんだ名物としてＰＲしている。

ちなみに。大宮は明治時代、主要産業だった養蚕業・製糸業の北関東でつくられた生糸を東京・横浜に運ぶ中継点でもあった。そこで複数の製糸会社が進出してくるなか、超広大な敷地を有していたのが片倉製糸紡績（現片倉工業）の「片倉大宮製糸所」だ。その跡地にできた商業施設「コクーンシティ」は今も片倉工業が運営。コクーン（まゆ）という製糸に関わる名前が、その歴史を伝えている。

また、生糸は大宮駅から汽車で運ばれ、横浜港から米国に輸出されていた。その生糸を世界に運んだ船の名「氷川丸」は氷川神社からとったもの。海外にまでその名を伝えていたとはスケール感がすごい。

交通の要衝として一大商業地に成長しつつ、どこか怪しい雰囲気と由緒正しき歴史を擁す大宮駅周辺。その空気を感じるなら、夜の町のニオイがまだ漂う朝方に街中を散歩し、日本一長いという全長２㎞の氷川神社の参道、氷川参道に足を延ばすのもよい。

あしがくぼの氷柱に圧倒される

北国でもないのに、埼玉で氷柱（つらら）が見られる場所なんてあるんだね。

秩父三大氷柱といって、今回行く芦ヶ久保以外にも秩父エリアの2か所で見られるんだってさ。

芦ヶ久保駅から氷柱会場まで徒歩10分か。山の上だけどちゃんと遊歩道が整備されているから歩きやすいね。着いた！

おー、なかなかの迫力。前に長野の山之内町のモンキーパーク（冬季にサルが温泉に入ることで有名なスポット）に行くときは道中の山道が凍結してツルッツルッ！　レイコがめちゃ怖がってたよな。

着いたら外国人観光客ばっかりでサルがほとんどいなかったという。

なのに入場料が高かったよなー。

まぁまぁ（笑）。

レイコ　オススメの食べたい！

秩父には農作業の合間に食べられてきた小昼飯という軽食がありますが、県北部の穀倉地帯で生まれたのがいがまんじゅう。まんじゅうを赤飯で包んだものでおめでたい日につくったそう。

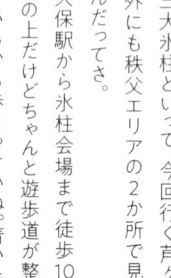

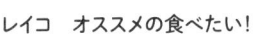

冬の秩父の名物といえば、12月初めに開催される秩父夜祭。それに加え、昨今、ＳＮＳなどでも話題の氷の芸術が氷柱だ。

山の斜面や崖を流れる川の水がつらら状に凍ったもので、秩父エリアが冷え込む12月頃からできあがり、1月下旬～2月中旬ぐらいが見ごろとなる。

この芸術が見られるスポットが秩父三大氷柱といわれる、**あしがくぼの氷柱**（横瀬町）、**三十槌《みそつち》の氷柱**（秩父市大滝）、**尾ノ内百景《おのうちひゃっけい》氷柱**（小鹿野町）。あしがくぼの氷柱は芦ヶ久保《あしがくぼ》駅から徒歩で行くことができ、線路に近いため通過する電車と氷柱のコラボ写真を狙う鉄道マニアも。夜にはライトアップされる会場もあり、〝映え〟狙いにもいい。

ちなみに、これら氷柱はただ自然にできたものではなく、地元の専門の職人が日々の天気・気候に合わせて水をまきながら育てているとか。自然の力を活かした手づくりのアートなのだ。

氷柱を楽しんで小腹が空いたら、芦ヶ久保駅近くにある「**道の駅　果樹公園あしがくぼ**」に立ち寄りたい。衣をつけて揚げたじゃがいもに甘辛いみそを塗った「**みそポテト**」や、小麦粉にみそ、ねぎや青ジソなどを加えて焼いた「**たらし焼き**」（鉄板にたらして焼くことから命名）などを食べたい。

あしがくぼの氷柱2021

これら軽食は「小昼飯《こぢゅうはん》」と呼ばれ、秩父エリアでは農作業の合間に食べられてきた。素朴な小昼飯に舌鼓を打ち、農業や養蚕で栄えてきた秩父ならではの食文化を探るのも楽しい。

秩父の厳しい気候が生んだ氷の芸術!　夜はライトアップされるため SNS でのアップを狙って来る女子も多いです。

早朝の嵐山渓谷に癒される

ここが京都の嵐山に似てるからって命名された嵐山渓谷か。空気がよくて気持ちいーねー！

川好きとしては、川がキレイなのもいいな。埼玉って川が多いけど、水がキレイな川ってなかなかないし。

ファミリーには駐車場に近い嵐山渓谷バーベキュー場が人気らしいけど、タビスミ隊としては奥まった渓谷散歩がベストだね。武蔵嵐山駅から歩いて来る途中も、庭に花を植えたりキレイにしているご自宅が多かったし。

町が廃れてるんじゃなくて、いい感じでひなびているのがいい。〝何もない〟イメージが強い埼玉も捨てたもんじゃないな。

京都・嵐山にも負けないぞー！

それは言い過ぎ（苦笑）。

ヒロシ　オススメの行きたい！

平家を倒したことで知られる武将・木曽義仲は長野・木曽の人というイメージでしたが生まれは嵐山町だそう。屈指の名城といわれた杉山城跡など歴史マニア向けの見どころもあります。

京都の人気観光スポットとして知られる嵐山。実はこの埼玉にも嵐山と呼ばれる場所がある。**比企《ひき》郡嵐山町《らんざんまち》**だ。

偶然、名前が一致したわけではない。昭和初期、日本初の林学博士・本多静六が嵐山町きっての景勝地・嵐山渓谷を訪れ、美しい景観が京都の嵐山に似ていることから、「**武蔵嵐山**」と称し、町名にも採用された。早朝、人が少ない時間帯に奥まった渓谷をぶらぶら歩き、マイナスイオンを存分に浴びるのがタビスミ流のオススメだ。

渓谷散歩でお腹が空いたら、隣町の小川町に足を延ばしたい。同じく小京都と呼ばれるこの町で、江戸時代から続く名物が１７４８年創業の割烹旅館「**二葉《ふたば》**」が提供する「**忠七《ちゅうしち》めし**」。誕生の立役者は、幕末から明治維新にかけて活躍した幕臣・思想家の山岡鉄舟《やまおかてっしゅう》だ。

二葉に立ち寄るのが慣習だったという鉄舟は館主に「料理に禅味を盛れ」と示唆。館主は鉄舟が極めた「剣・禅・書」の三道の意を取り入れ、考案。剣の鋭さを表すわさび、淡い味の中に禅を宿す海苔、香り高いなかに書の精神を宿す柚子を組み合わせ、海苔を混ぜたご飯、薬味に柚子、わさび、ねぎを添え、お茶漬けのように出汁をかけて食べる料理が誕生する。後に東京の深川めしや大阪のかやく飯と並び、**日本五大名飯**の１つとなった。

二葉の数寄屋造りの建物、美しい日本庭園を眺めながら、さらりと食べたい名物だ。

小江戸・川越人気の秘密を探る

川越ってシニア客が多いイメージだったけど、着物を着た女の子たちや芋菓子とか食べ歩きしてる若者グループが多い！　蔵づくりの町並みがインスタ映えするのもいいのかな。

菓子屋横丁とかも若い子ウケしそうだし、秩父と並んで埼玉の勝ち組だ。

「川越まつり会館」で、川越まつりについて解説してくれた人たちも熱かったし、地元を盛り上げたいという気持ちが強い人が多いのかも。

クレアモールって地元の商店街もにぎわってたな。

川越発祥の百貨店、丸広もがんばってたし。住むのにもよさそう。

それにしても腹減った。川越名物だっていう焼きそば、食べに行こうぜ。

うどんに次いで、また粉モン!?

ヒロシ　オススメの食べたい！

我々が焼きそばを食べたのは「まことや」。太い麺が特徴で川越出身の俳優・市村正親さんも地元グルメとして紹介しています。地ビールの「コエドビール」をお供に食べるのがオススメ。

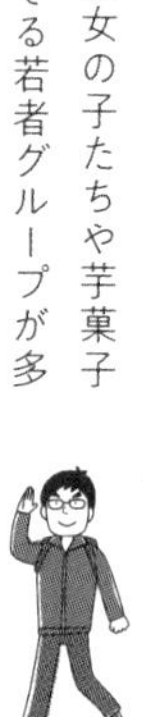

「世に小京都は数あれど小江戸は川越ばかりなり」――そう称されたように、全国各地の小江戸を名乗る町のなかでも、先駆者的代表選手が川越だ。

小江戸と呼ばれた要因はいくつかある。

その1つが江戸城を築城したことで有名な築城の名手・太田道灌《おおたどうかん》によって、〝兄弟城〟として川越城本丸御殿が建てられ、江戸の北を守る戦略拠点とされたこと。それゆえ、徳川三大将軍も川越にたびたび訪問。藩主・松平信綱により江戸とつなぐ舟運が整備され、江戸の文化、学問、芸能がいち早く伝えられたことなどが挙げられる。

こうした川越と江戸の関係性が強く感じられるのが、川越氷川神社の例大祭、神幸祭に合わせて行われる川越まつり（川越氷川祭）だ。

最大の見どころは精巧な人形を載せた豪華絢爛な山車だが、そのスタイルは〝江戸系川越型〟ともいわれる。二重構造の鉾《ほこ》と人形からなる江戸型を発展させ、二重のあんどん（鉾）から迫《せ》り上げ式で上層部と人形が飛び出る仕掛けとなっている。城の門をくぐる際に伸び縮みできるようにしたのが由来だ。江戸の天下祭の様式や風流を伝える貴重な都市型祭礼として、「川越氷川祭の山車行事」は国指定重要無形民俗文化財に指定されている。

その他、川越名物の芋菓子も、元々のサツマイモの産地は所沢だが流通拠点が川越だったため、「川越のイモはうまい」と江戸に広がる。「九里よりうまい十三里」と称され（江戸から川越までの距離の九里に合わせ、〝栗［九里］より［四里］うまい十三里［九＋四］〟というシャレ）、江戸中に焼き芋屋が林立したという。

天明《てんめい》の飢饉《ききん》の際にも、江戸でサツマイモの需要が増加。江戸の食料不足も救ったのだ。昔なつかしい駄菓子屋が並び、人気スポットとなっている「菓子屋横丁」も、関東大震災で被害を受けた東京に代わって駄菓子を製造・供給するようになったのが始まりだ。

また、岡山・倉敷市、福島・喜多方市と並び〝日本三大蔵の町〟とされ、今も商売を営む古い蔵づくりの店が軒を連ねる景観も川越ならではの名物だ。なぜこの地に蔵が増えたのか。そこにも江戸が関係している。

蔵づくりが広まった契機になったのが、1893年の川越大火。町の3割もが焼き尽くされるが、大火の際に焼け残った建物が伝統的な工法による蔵づくりだったことに町の人々が着目。火事に強い建物として江戸でも流行していた日本橋界隈の商家も参考に、蔵づくりの建物が増えていく。

その後、関東大震災や戦火で江戸の蔵づくりの町並みは消えていくが、川越の町並みは江戸の景観を受け継ぐ重要な歴史的遺産として、重要伝統的建造物群保存地区に選定された。

江戸と〝持ちつ持たれつ〟で共存共栄をはかってきた川越。そんな歴史を知れば、観光でにぎわう川越の〝新たな顔〟も見えてくるはずだ。

川越の蔵の多くは、「江戸黒」と呼ばれた黒漆喰で仕上げられているのが特徴。これも江戸の粋へのあこがれだったのか。カッコいいですよね!

フライ＆ゼリーフライに行田の歴史を思う

行田といえば作家・池井戸潤の著作でドラマ化もされた『陸王』の舞台だね。役所広司が地元産業の足袋製造会社の社長を演じてたけど、今も日本一の足袋の産地なんだって。

で、足袋工場で働いてた女工さんが食べてたという地元グルメがフライとゼリーフライなんだろ。

うん、へー、ここ「かねつき堂」はフライもゼリーフライもどちらも食べられるんだね。駄菓子屋っぽくてどこかなつかしい雰囲気。

ゼリーフライは主原料のおからっぽさがなくて、フツーにうまいコロッケだな。フライはもう一工夫欲しいかな。

フライは店によっても味が違うらしいよ。次は違う店でもトライ!

レイコ　オススメの知っておきたい!

行田の史跡の1つが忍城址。戦国時代、豊臣秀吉の関東平定に際し、石田三成らによる水攻めにも耐えたことから「浮き城」の別名も。映画『のぼうの城』の舞台ともなりました。

埼玉の県名発祥の地でも知られる行田。地元産業の足袋《たび》製造で栄えたことで知られるエリアだが、そこにややトリッキーな名前のB級グルメがある。ゼリーフライとフライだ。

ゼリーフライとは、おからと蒸したジャガイモにニンジン、玉ねぎのみじん切りを混ぜてこね合わせ、小判の形にして素揚げしたもの。コロッケに近い味と食感で、ソースをつけて食べる。発祥は行田の持田地区にあった「一福茶屋」といわれ、同店店主が日露戦争で中国に行った際、現地で食べられていた野菜まんじゅうをベースにアレンジしたもの。〝ゼリー〟の名称は、形状やサイズが小判に近いため、小判→銭→銭富来（ゼニフライ）と呼ばれていたものがなまり、ゼリーフライに転換したといわれる（諸説あり）。

もう1つ、フライのワードはかぶっているが、まったく違う行田名物がフライだ。いわゆるお好み焼きとクレープの中間のような食べ物で、こちらもソースまたは醤油だれをかけて食べる。粉もので腹もちがよいことから、昭和初期、地元で全盛を極めた足袋生産の工場で働く女工の軽食として愛されてきた。

名前の由来は行田周辺が布の産地だったから「布来（ふらい）」になった説や、フライパンで焼くからフライなど、こちらもルーツには諸説ある。もう一度言うが、ゼリーフライはゼリーを揚げたものでもなく、フライは揚げ物（フライ）ではない。ヤヤコシ……。

ショッピングモール 先進国の未来を考える

越谷のイオンモールって初めて来たけどスゲーひろいな。

前に春日部の治水施設の地下神殿（P54）を見学したけど、ここも治水のための調節池の造成と一緒に商業施設やマンションを建てて、ニュータウンをつくったみたい。お客も若い子やファミリー層が多いね。

便利なんだろうけど、入っているテナントが他と大体同じだし、街が人工っぽいのがどうもなー。

でも、コロナ禍でテレワークが増えたせいで、東京から埼玉や千葉の郊外に引っ越す人が増えて、モールに隣接してオフィスを移転する企業も出てきてるみたい。モールの姿もどんどん変わっていくのかも。

レイコ　オススメの行きたい！

越谷のイオンレイクタウンの館内にはウォーキングコースが設定されています。歩行距離や消費カロリーを提示するサインも出ているので、テレワークの運動不足解消にもいいかも。

全国各地にショッピングモールが点在するなか、日本最大級を誇るのが越谷のイオンレイクタウンだ。東京ドーム約5個分にも及ぶ敷地に、専門店数約710店舗、年間5000万人以上が来店する。

実は埼玉はイオンモール&三井系ショッピングセンターの数が日本トップクラスといえるほどに多い。1世紀にわたり、人口が増え続けている唯一の自治体で、現役世代（15歳～64歳）が全国4位と比較的若い県であることも影響しているのだろう。2020年からはコロナ禍の影響から人口流入が増えているのも商業施設にとっては追い風だ。

進化系のモールも誕生している。21年6月にリニューアルオープンしたイオンモール川口では店内の映像を解析して接客に生かす「AI（人工知能）カメラ」を導入。運営の効率化をはかる「スマートストア」として打ち出している。

本庄市に本社を構え、ホームセンター業界でトップクラスのカインズも、新たなモール業態に乗り出している。20年11月に開業した、くみまちモールあさか（朝霞市）では、「地域のコミュニティー化」をテーマに、スーパーほか医療、幼児教育の施設が入っている。

単なる買い物の場だけでなく、生活密着型のインフラとしてモールが存在感を増している埼玉。「住みやすい町」としての人気もさらに上がりそうだ。

埼玉名産!?「そこらへんの草」メニューを堪能

いろんな地元グルメを食べたけど、どこで食べても地味に野菜サラダっておいしかったよな。

私もそう思った。特に地元野菜ってメニューに謳ってるヤツは、新鮮で野菜の味も濃かったな。実は産出額が全国1、2位の野菜も多いらしいよ。

深谷名物のねぎとか、ちょっと地味だけどな。

そりゃ肉とかカニとかの海産物に比べたら見た目は地味だけど、地元チェーンの「串焼亭ねぎ」で食べた深谷ねぎの天ぷら、珍しくておいしかったけどな。

でもな、〝映え〟ないんだよ。

いつの間にかインスタグラマー気取りかい!

レイコ　オススメの食べたい!

埼玉に18店舗展開する「串焼亭ねぎ」は店名通り、ねぎの名物料理が盛りだくさん。オススメは天ぷらの「ねぎ天」。11月下旬～4月上旬は旬の深谷ねぎが入荷されるので、オススメ!

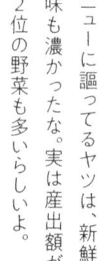

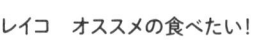

「埼玉県民にはそこらへんの草でも食わせておけ！」

埼玉を愛を込めてディスる大ヒット映画『翔んで埼玉』で話題になった「そこらへんの草」発言。この発言にしっかり対応すべく（？）、春日部市の「みどりスーパー」などご当地小売り・飲食店では、「そこらへんの草」を使った「そこらへんの草天丼」「そこらへんの草餅」「そこらへんの草のバターソテー」などのメニューが登場。２０１９年春あたりから取り組みが始まり話題に！……さすが自虐ネタにワザありの埼玉ならでは、だ。

もちろん「そこらへんの草」を使っているわけではない。埼玉は農家の数が全国8位、耕地率4位、産出額では6位の農業県。産出額1位のサトイモ、2位につけるねぎやカブ、小松菜、さらにホウレンソウやブロッコリーなども全国3本の指に入る産出額を誇る。

農業県として新たな取り組みも進行中だ。さいたま市では若手農家を中心に、「さいたまヨーロッパ野菜研究会」（ヨロ研）なるものを発足し、飲食店のニーズに合わせビーツ、ラディッキオ、スティックカリフラワーといったヨーロッパ野菜をプッシュ中。ねぎの町、深谷でもＩＴを農業に活用するべく若いアグリテック企業と手を組み、「農業版のシリコンバレー（DEEP VALLEY）」を目標に取り組みを進めている。

もう「そこらへんの草」呼ばわりでは終わらない！

「金笛しょうゆパーク」で“食づくり県”と知る

ここが超老舗・笛木醤油の蔵かー。ずいぶんとのどかな場所にあるな。

醤油の香りがするね。わが家でここの「だしの素」ずっと使ってきたから、製造工程が見学できるのってうれしい。ほらっ、工場見学始まるよ。

(見学後)。醤油をつくる人が、発酵の邪魔になるから納豆は食べないっていうのが印象的だったな。

併設のレストランで生醤油の味比べできるみたい……うん、同じ醤油でもいろんな味の違いがあるね。

うーん、そんなに味の違いはわからんが、とりあえずウマい!

(笑)。埼玉って他にも食品工場が多いんだ。工場見学できる所も多いから家族でプチ旅にもいいね。

ヒロシ　オススメの知っておきたい!

研がずに炊ける無洗米のパイオニアの東洋ライスサイタマ工場(坂戸市)は、日本最大級の無洗米工場だとか。無洗米を開発したのって画期的ですよね!　通常は工場見学もやっています。

アイスクリーム、香辛料、精米、ビスケット類・干菓子、和風・中華めん……コレ、何かというと全国で埼玉県が生産額1位を占めるもの。その他、洋生菓子、米菓、チョコレート類では2位、惣菜、すし、弁当、おにぎりでも3位につけている。

そう、埼玉は大消費地の東京に近いことから食料品系の工場の進出が多い。冒頭のラインアップを見てわかるように、スイーツ・菓子の生産に強い〝お菓子王国〟でもある。

そのなかでも筆頭の知名度を誇るのが年間約4億本超も売り上げる国民的アイス「**ガリガリ君**」で知られる**赤城乳業**（深谷市）だ。

同社工場（本庄千本さくら『５Ｓ』工場）では、ガリガリ君を最盛期で１日約３００万本製造。日本のアイスクリーム生産量の約10％を担うとか。

また川島町の笛木醤油のほか、醤油づくりの見学ができる「醤遊王国」を展開する**弓削多《ゆげた》醤油**といった日本の伝統食を手掛ける老舗企業もあるなか、未来型大豆加工食品で注目を集めているのが**アサヒコ**（さいたま市）だ。

１９７２年、行田で創業し、様々な豆腐製品を手掛けてきたが、２０２０年にはセブン＆アイＨＤと提携し、植物性のたんぱく質を手軽に摂取できる「ＴＯＦＵ ＢＡＲ（豆腐バー）」を編み出し大ヒット商品に。今、注目の大豆ミート商品も手掛け、攻めている！

たび活×住み活 31

モノづくり県の
ルーツを考える

埼玉のあちこちを歩いていると、食料品系以外にも大手企業の工場とか倉庫も多いね。

元々、県南部の川口や蕨は中小の工場が多かったし、大規模な工業団地も各所にあるしね。幸手が合併し損ねた県東部の久喜なんかも工業団地を誘致したのを機に人口が増えたんだよな。

土地や水も豊富で、比較的、災害も少ないんだっけ。

土地が比較的安いのも大きいな。

さらにコロナ禍のリスクに考慮して、移転してくる企業も増えているみたいだし。ご苦労様の東京通勤組も少しは減るのかなー。

ヒロシ　オススメの行きたい！

所沢は航空発祥の地で、日本最初の公式飛行場がつくられました。その跡地にできたのが所沢航空記念公園。国産初の旅客機 YS-11 などが展示されており、市民の憩いの場になってます。

食料品製造業が多い点には触れたが、実は製造業全体で見ても埼玉は事業所数で全国３位。製造品出荷額でも6位につける日本有数のモノづくり県でもある。

そもそも、この地には岩槻や鴻巣の人形、加須のこいのぼり、小川の和紙、秩父の絹織物、行田の足袋、川口の鋳物といった伝統産業含め、歴史的にモノづくりの文化が息づいてきた。

さらに、１９６０年代から大規模工業団地も誘致。川越狭山工業団地、久喜菖蒲《くきしょうぶ》、鷲宮《わしのみや》、児玉など数多くの工業団地がある。これも土地や水といった経営資源が豊富で、東京や地方とのアクセスのよさ、地盤が堅くて災害が少ないなどのメリットゆえだ。

名だたる企業を一例に挙げると、和光市にある本田技術研究所。デザイン部門を中心とした四輪車の研究開発部門で「ＨｏｎｄａＷｏｏｄｓ和光」と称し、所内で森づくりにも取り組んでいる。ホンダは寄居町、小川町、狭山、本庄にも製造拠点を擁す。

その他、秩父のキヤノン電子、羽生《はにゅう》の曙《あけぼの》ブレーキ、Ｆ１ドライバー御用達のアライヘルメットもさいたま市に本社・工場がある。さらに２０２０年4月以降、コロナ禍の影響でサービス業やソフトウェア開発、製造業など、東京都区部から外へ移転する企業数が増加。埼玉ではさいたま、川口への流入が増加している。

ジョンソンタウンで星野源のルーツを知る

星野源が埼玉の蕨出身だって、初めて知ったなー。私たちも行った「るーぱん」にも通ってたっていうし、勝手に親近感を覚えてしまう（笑）。

出身地だけじゃなくて、歌うようになったきっかけも埼玉にあるらしい。それが入間市にある元米軍住居地域跡の「ジョンソンタウン」近くの狭山稲荷山公園。

狭山ってお茶のイメージしかなかった。米軍のジョンソン空軍基地の一部が返還されて公園になったんだけど、当時、その一帯に住んでたミュージシャンの細野晴臣を中心にそこで音楽フェスが開かれて、星野源は楽器だけのインストゥルメンタルバンドで参加したんだよね。その縁で細野氏に歌を勧められたらしいよ。

そんなイキなエピソードが狭山に！

ヒロシ　オススメの知っておきたい！

星野源が組んでいたインストゥルメンタルバンドが「SAKEROCK（サケロック）」。星野源がリーダーで、同じ自由の森学園高等学校出身のメンバーを集めて結成されたそうです。

あのガッキー（女優・新垣結衣）との結婚で、２０２１年、一躍プライベートでも注目を集めた人気アーチストの星野源。蕨市に生まれ、独自の校風で知られる自由の森学園高等学校（飯能市）に通学。地元チェーン「るーぱん」に通ったことをテレビでも明かすなど、埼玉人としては親近感大の存在だが、実は現在の彼の音楽につながる出会いの場所が埼玉にある。

狭山市の狭山稲荷山公園だ。１９７３年、米軍から返還されたジョンソン空軍基地（現航空自衛隊入間《いるま》基地）の一部を整備した公園で、米軍管理下の時代には「ハイドパーク」（Ｈｙｄｅ Ｐａｒｋ）という英語名がつけられており、返還後も長く同名で呼ばれていた。

ここで２００５年に実施された伝説の音楽フェスが「ハイドパーク・ミュージック・フェスティバル」。主催したのは、かつて狭山の米軍払い下げの軍人用住宅（通称ハウス）に住んでいたミュージシャン、元ＹＭＯの細野晴臣だ。

フェスに集結したのは、佐野元春や森山良子、ブレッド＆バター、高野寛など、細野の友人や細野の楽曲を聴いて育ったそうそうたるメンバーだ。そこに当時、星野源がリーダーを務めていたインストゥルメンタルバンド「ＳＡＫＥＲＯＣＫ（サケロック）」も参加。元々、細野が狭山の自宅でレコーディングした「ＨＯＳＯＮＯ ＨＯＵＳＥ」を皮切りに、高校

時代から細野サウンドを聴いていたという星野。音楽フェスで細野に初めて会ったのを契機に交友を深め、「趣味程度でやっていた」という歌を、細野の勧めもあってスタートしたと様々なインタビューで明かしている。

その狭山市に隣接する入間市には、今も元々の米軍ハウスを活かしたアメリカ風の街並みが残されている。通称・ジョンソンタウンだ。星条旗が掲げられ、色合いも鮮やかなアメリカ風の家屋をリノベした飲食店やセレクトショップ、一般の住宅が並び、古き良きアメリカ映画のワンシーンにいるかのような錯覚に陥る。

狭山といえば「色は静岡、香りは宇治よ、狭山は味でとどめさす」で全国的にも有名な日本茶（狭山茶）で知られる。だが、入間っ子のプライドに懸けて言うならば、実は狭山茶の多くは入間市内で栽培されている……といったうんちくも知っておきたい。

アメリカ風の町並みが残るジョンソンタウン
JOHNSON TOWN
その近隣にある狭山稲荷山公園で
2005年、伝説の音楽フェス
「ハイドパーク・ミュージック・フェスティバル」が開かれる
主催者は細野晴臣 参加者は佐野元春や森山良子など著名アーティストたち
そこに星野源率いる「SAKEROCK」も参加
その縁で細野に勧められ歌を始めたという星野源
この縁がなければ「恋ダンス」も、ガッキーとの結婚もなかった!?かも

たび活×住み活 33

ソウル麺のスタラー、トーフラーメンにトライ

埼玉男子に聞くと、ソウルフード的ラーメンといって「娘々」のスタミナラーメンを挙げる人が多いんだよね。

食べてみたら、名前の印象より出汁感が強いというかあっさりしてたよな。もっと辛いのかと思ってた。半ライス頼んでラーメンのあんをかけてみたら、麺より白メシのほうが相性よかったかも。

おいしいラーメン屋なら、他にいくらでもあるだろうけどね。近くに浦和高校とか埼（玉）大行きバスが通ってるし、青春の味なんじゃない？

年配の男性一人客が多かったし、昔からなじみのある味なんだな。

若槻発祥の名物という幸楊の「トーフラーメン」もあんかけラーメンだけど、ツルッとした豆腐がおいしかった。中年に優しい（笑）。

ヒロシ　オススメの食べたい！

「娘娘（娘々）」はいくつかのれん分けの店があり、味が異なるようです。上尾店監修のカップラーメンをコンビニで発見！フライ麺ならではのジャンキーさもなかなかウマかったです。

ラーメンなどに使う中華麺の出荷額で日本一を誇る埼玉。全国的に有名ではなくとも、地元っ子に愛されるソウルフード的ラーメンもちゃーんとある。

その1つが**スタミナラーメン**、通称・スタラーだ。ひき肉、ニラ、豆板醤を入れたピリ辛のあんかけラーメンで、旧浦和の「娘娘《にゃんにゃん》（娘々）」、旧大宮の「漫々《まんまん》亭」が1970年代から提供。手頃な値段もあって、近隣に浦和高校や埼玉大学がある北浦和の「娘々」を筆頭に、腹ペコ金欠なさいたま男子の味方であり続けてきた。麺が品切れになった際に生まれた、あんを白飯にかけたスタミナカレー（スタカレー）も人気だ。

岩槻の名物が**トーフ（豆腐）ラーメン**。発祥は岩槻の「レストラン大手門」を経て、現在、西浦和に店を構える「**幸楊《こうよう》**」だ。レストラン大手門時代、当時の社長に賄いを頼まれ、調理場にあった豆腐を使ってラーメンに合う味つけでつくったのが始まりだ。2008年の「**埼玉B級ご当地グルメ王決定戦**」にさいたま市の「豆腐ラーメン」として参加し、優勝！豆腐とひき肉の醤油あんがあっさり醤油スープの上にかかったもので、見た目は麻婆麺だが豆板醤や花椒などの辛味調味料は入っていない。辛いのが苦手な人にもOKだ。

二郎系などのコッテリ・ガッツリなラーメンが注目を集めるなか、あくまでも優しく、やや控えめな埼玉ご当地ラーメン。どこかなつかしさを感じる味を一度はトライしたい。

たび活×住み活 34

やきとりの町・東松山でカシラを食らう

やきとりは福岡の久留米でも散々食べたけど、東松山もやきとりが有名だって知らなかった。といって、福岡人がやきとり屋でとりあえず豚バラを頼むように、基本はやきとんなんだろ。

うん、豚のなかでもこめかみ部分のカシラ肉が一番人気なんだって。前に食べたことあるけど結構イケるよ。ほらっ、焼き立て来た！

うん、カシラ肉ってもっと堅いかと思ったら、意外に柔らかい。みそだれも見た目より辛くなくて合うな。

でしょ？　そこは豚肉王国の埼玉！

東松山駅前も、一等地に全国チェーンじゃなくてやきとり店が堂々と占領してるぐらいだからな。でも、まあオレはねぎまが一番好きだけど。

ブレない男……。

レイコ　オススメの食べたい！

タビスミ隊が訪れたのは、東松山の代表的やきとり店「桂馬」の分店「子虎」。まずはお通しでカシラ肉が２本出てきます。串から外さず、みそだれを塗ってかぶりつくのがルール！

北海道の美唄《びばい》・室蘭《むろらん》市、愛媛の今治《いまばり》市、福岡県久留米市などと並び、日本七大やきとりの町に数えられるのが東松山市だ。

町を挙げての熱いやきとり愛は東松山駅に降り立った時点で感じられる。駅前の一等地といえば大抵、全国チェーン店が軒を連ねるものだが、東松山駅でまず目につくのがご当地発やきとり一大チェーンの「やきとりひびき」。駅周辺を歩いても、看板で目につくのは「やきとり」の4文字。テイクアウトも含め、やきとりを扱う店は50店舗余りに及ぶ。

ただし、やきとりといっても東松山流の特徴の1つが、鶏肉ではなく豚のカシラ肉（こめかみから頬の部分）が主流であること。お通し代わりにカシラの串を出す店も多い。2つ目がみそだれをつけて食べること。白みそをベースに、ニンニク、唐辛子など十数種類のスパイスを各店独自の配合でブレンド。ジューシーなカシラ肉との相性はバツグンだ。

カシラ肉は元々、加工肉食品の材料だったが、１９５０年代ごろ、近隣の食肉センターで安価で新鮮なカシラ肉が手に入るようになったのを契機にみそだれをつけるスタイルを広めたのが市内のやきとり店・大松屋。寄居町でホルモン焼きをやっていた韓国出身の主人が、東松山に移り、祖国でホルモンにつけていた辛めのみそだれを取り入れたのが始まりだ。やきとりの香り、煙が漂う粋な街、ビール片手にガッツリいきたい。

たび活×住み活 35

レッズサポーターの〝聖地〟に潜り込む

あれっ、今日、浦和レッズの試合やってるんだ。レッズのサポーターが集まる居酒屋「力」が盛り上がってるね。ちょっと入ってみようよ。

意外に年配の人が多いね。血気盛んなイメージだったけどコロナだからか静かに応援してるな。

前にレッズのサポーターの人たちに話を聞いたけど、意外に応援のルールとかも厳しく徹底してるからね。キミもサッカー大国・埼玉県民としてサッカーにハマってたの？

まあ、キャプツバ（『キャプテン翼』）世代だからな、小学校時代はサッカーボールを蹴りながら登校してた。

今や運動嫌いのキミが……。

オレにだって活発な少年時代があったんだよ（苦笑）。

ヒロシ　オススメの知っておきたい！

高校サッカーもよく見てましたね。オレの子どものころは武南が全盛の時代でした。その後、清水東とかが強くなって、当時の浦和市立がボロ負けしてメチャ悔しかったことを覚えてます（笑）。

静岡や広島と並び称される「サッカー大国・埼玉」。野球が全盛だった昭和世代であっても、「サッカーボールを蹴りながら通学してた」「昼休みや放課後にやるのはドッジボールでもなく野球でもなく、サッカーだった」という元サッカー少年たちは多い。

なかでも県内で「**埼玉サッカー発祥の地**」を掲げるのが浦和。さいたま市役所（旧浦和市役所）内にヘディングシーンを模した記念碑があるが、この場所は埼玉大学教育学部の前身・埼玉師範学校の跡地。１９０８年、ここで県内初のサッカー部（蹴球部）が結成されたのがルーツだ。

その後、全国的にサッカータウンとしてのイメージを印象づけたのは、かつて高校サッカーの強豪として知られた**浦和４校**の県立浦和（浦校）、浦和南（南校）、浦和市立（現さいたま市立浦和）、浦和西（西校）の存在が大きい。その立役者となったのが創部６年目の浦和南高校サッカー部を高校総体、国体、高校選手権の三冠を達成するチームに育て上げた伝説の監督・松本暁司《ぎょうじ》。その一連のエピソードは『**赤き血のイレブン**』として漫画化され、その後、多くのサッカー少年たちに影響を与えた漫画『**キャプテン翼**』（キャプツバ）ブームの走りとなった。

ちなみに、現在、日本サッカー協会会長の田嶋幸三は浦和南のＯＢ、Ｊリーグチェアマンの村井満は浦校ＯＢ、２０１８年のＷ杯日本代表監督の西野朗は西校ＯＢだ。現在は、武南、正智《しょうち》深谷、西武台などの私立強豪校が台頭。浦和４校の全国大会出場のハードルも高くなっているが、指導者やサッカー界をけん引するリーダーが輩出された歴史的意義は大きい。

また、浦和をホームとするＪリーグチームの浦和レッズ（浦和レッドダイヤモンズ）に加え、同じさいたま市・大宮をホームとする大宮アルディージャが誕生したのも、地元で切磋琢磨《せっさたくま》しあう構図があったからだろう。現在、アルディージャはＪ２だが、今後の奮起に期待！

また、埼玉全体のサッカー愛を語る上では、著名選手だけでなく、草サッカーを楽しんだり、地域のサッカーチームのコーチをやったりと〝根っからのサッカー好き〟が多いことも大きい。歴史を経て自然とサッカー民度が磨かれていったのだろう。

そんなサッカー熱を気軽に感じるなら、浦和レッズのサポーターが集まる居酒屋「力《りき》」ほか、県内に多くあるスポーツバーに足を運ぶのもいい。「力」の名物、レッズサワーやアルディージャサワーを飲んで語らえば、この地のスポーツ好きな風土も感じられるはずだ。

サッカー少年だった
ヒロシの日常
登校時
授業合間の休み時間は教室の後ろで友人と
オーバーヘッドキックだあ〜!!
軍手丸めたヤツ
スカッ
「キャプツバ」の必殺技ごっこ
タクッ!!
昼休みは全クラスが1つのサッカーコートでゲームをするため
誰が敵か味方かわからなくなる
あれっ!?
パス
パス
あれ?
とにかくボールが来たらぜんぶ止めろー!!
お―――っ!!
子どもたちで勝手に選手権開催
幸手小サッカー王せんしゅけん
一組A
三組B
二組A
四組B
一組B
二組B
三組A
四組A
今やちょっと走るのもイヤがるヒロシにもこんな時代があったのね…
ほっとけ…

ライオンズの黄金時代を知る

子どものころ、西武ライオンズとかは応援しなかったの？　前作の福岡編の時、熱く語ってた西鉄ライオンズがルーツだよね。

西武に買われて所沢に西武ライオンズとして来た時はちょっとうれしかったかも。でも、最初は弱かったんだよ。

広岡（達朗）さんが監督になって日本一を達成して、次の森（祇晶）監督で黄金時代を迎えたんだよね。

うん、でも埼玉県民だから応援するって感じじゃなかったな、地理的に遠いし。でも千葉出身のヤツには球団があるって自慢してたなー。まだロッテも来てなかったし、ディズニーランドもなかったし。

不毛な関東の三番手争い……子どものころからやってたのね（苦笑）。

レイコ　オススメの知っておきたい！

球団マスコットのレオとライナは、『ジャングル大帝』をもとに、手塚治虫がデザイン。応援歌からマスコットまで制作陣が大物すぎる。さすが当時の西武のトップ、堤義明パワー！

西武ライオンズから地域密着型を志向し、埼玉西武ライオンズに名前を変えた2008年、見事日本一に！　だが、元々の古巣だった福岡の球団、ソフトバンクホークスが常勝集団といわれているのに対し、それ以降は日本一の座をモノにできていない……。

だが、浦和の町が浦和レッズの赤をキーカラーとするフラッグ、大宮が大宮アルディージャのオンレジのフラッグを掲げるなら、県西部で目立ってくるのがライオンズカラーのブルー（レジェンドブルー）だ。

そしてライオンズが優勝したら、西武百貨店や西武線沿線の地元スーパーでかかる曲は「地平を駈ける獅子を見た」。作詞・阿久悠、作曲・小林亜星という超メジャー制作陣によって作られた球団歌で、歌うのはスター・松崎しげる。一定世代の上の人ならば、野球ファンならずとも「ウォウウォウウォ　ライオンズ　ライオンズ♪」という暑苦しいシャウト系ソングを口ずさむことができるはずだ。

というのも、80〜90年代前半、毎年のように日本一になっていた〝黄金時代〟があったゆえ。〝AKD砲〟といわれた秋山幸二、清原和博、オレステス・デストラーデのバッティングに歓声を挙げ、ホームラン後の恒例の秋山のバク転のマネをした当時の野球少年は多い。再び勝利の美酒を浴びつつ、暑苦しいシャウトが聴ける日の到来に期待したい。

ラグビータウン熊谷で〝笑わない男〟に出会う

熊谷のあちこちに〝笑わない男〟で有名になったラグビーの稲垣（啓太）のポスターが貼ってあるね。「熊谷のみんなには笑っていて欲しい」だって（笑）。熊谷って〝日本一暑い町〟でPRしてるけど、ラグビーの町でもあるんでしょ？

早稲田で活躍して日本代表監督も務めた宿澤広朗は熊谷高校出身だし、元日本代表で神戸製鋼の堀越（正巳）が出た熊谷工業は埼玉県で唯一、花園で優勝したことがある古豪だしな。

2019年のW杯では横浜や神戸には行ったけど熊谷のラグビー会場でも予選やったんだよね。

うん。今年は稲垣が所属してるパナソニックのラグビーチームが熊谷に拠点を移すらしいぞ。

おー、熊谷がさらに熱く燃えそう！

レイコ　オススメの食べたい！

熊谷で人気のお寺が歓喜院聖天堂、通称・妻沼（めぬま）の聖天様。日光東照宮を思わせる装飾、彫刻から「埼玉日光」の異名も。門前町の名物がいなり寿司。細長い形と甘めの味つけが特徴。

浦和、大宮がサッカー、所沢が野球なら、県北の熊谷が掲げるのが「ラグビータウン」。記念碑も浦和に負けじと、熊谷駅前にはラグビーボールの上に背番号9のラガーマンがラグビーボールの上にすっくと立つ。駅の真正面には郷土の偉人、武将・熊谷直実《なおざね》の銅像が立っているが、同様に熊谷っ子の地元愛の象徴の1つだ。

そもそもの埼玉県のラグビーの歴史は、1921年に創立された旧制浦和高校（現埼玉大学）の翌年のグラウンド開きにラグビーチームが練習をしたことに端を発するが、そこから48年、県北・熊谷でラグビー熱が高まっていく。

立役者が後に埼玉ラグビー界をけん引した**森喜雄**。その指揮下、熊谷商工（現在の熊谷商業と熊谷工業に当たる）でラグビー部が結成され、3年後に県大会で初優勝。90年には熊谷工業として花園で全国制覇し、翌年、全国でも有数の熊谷ラグビー場がつくられ、市では「**ラグビータウン構想**」が立ち上がる。

町を挙げての取り組みにより、2000年には冬に京都・花園で行われる全国高等学校ラグビーフットボール大会に加え、春の高校ラグビー日本一を決める全国高等学校選抜ラグビーフットボール大会の第1回が熊谷で開催。「西の花園　東の熊谷」と称されるようになった。

高校ラグビーに関しては、昨今、正智深谷高校、深谷高校、サッカー選手も多く輩出する昌平《しょうへい》高校など他エリアの新たな強豪とのバトルも激化。だが、ラグビータウンとして19年のW杯予選会の開催を経て、21年のホットな話題となっているのが群馬・太田を本拠地としていた社会人ラグビーチームの**パナソニックワイルドナイツ**が、8月より熊谷にホストタウンを移転してきたこと。

パナソニックワイルドナイツは、19年W杯代表の稲垣啓太ほか堀江翔太、さらに正智深谷高校、埼玉工業大学出身のヴァル アサエリ愛など実力、人気共に高い選手を擁す。21年5月に行われたトップリーグ（ジャパンラグビートップリーグ２０２１プレーオフトーナメント）でも優勝した。２０２２年に開催する新リーグでは「**埼玉パナソニックワイルドナイツ**」にチーム名を変更することを表明している。県を挙げて、サッカーや野球だけでなく、ラグビー県としても打ち出していく構えだ。やったね！

熊谷ラグビー場の横には同チームが使うクラブハウスや屋内運動場、宿泊施設が設けられるが、その愛称は「**さくらオーバルフォート**」。熊谷市在住の高校生が提案したもので、「さくら」は埼玉、熊谷、ラグビーそれぞれの頭文字を取り、「桜」はご存知日本代表のエンブレムであり、熊谷市の市花でもある。

県北の雄のプライドをかけて熊谷が市を挙げて進めてきたラグビータウンとしての取り組み。夏になると「日本一暑い町」をかけて、多治見市や高知市などと熱いバトルを繰り広げる熊谷だが、さらにラグビー熱も気温以上に熱く高く盛り上がりそうだ。

熊谷駅前にあるモニュメントのラガーマンの背番号はスクラムハーフの9番。宿澤さんや堀越さんも9番でした。2019年W杯の日本代表のスクラムハーフは田中史朗選手。なつかしい!

珍スポット・吉見百穴のコロポックル伝説を知る

ウワサには聞いていたけど、見た目からインパクト大だな、吉見百穴。行田ではデカい古墳を見たけど、あっちが有力者の墓ならこっちは庶民の共同墓地ってとこか。

こんなに穴がボコボコ空いてて崩れずに残っているのがスゴいよね。

第二次世界大戦中に地下軍需工場が設営された関係で一部削られたけど、219個の横穴があるんだってさ。

意外に高度な建築技術なのかも。

埼玉も知名度は今ひとつでも貴重な史跡があるんだな。このあたり、ひなびてるけど流れている川もキレイだし空気もいいな。

川好きとしては、見直した?

まあ、地味だけど(苦笑)。

レイコ　オススメの行きたい!

吉見百穴に隣接し、岩をくりぬき88体の観音石仏を祀った空海作の「岩室観音」なる名所も。ここを一度詣でれば四国八十八ケ所めぐりと同じ功徳があるといわれています。ホント?

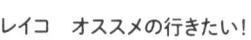

「名所？　特にないなー」と地元っ子が答えがちながら、見た目のインパクトもあり、県外からも歴史マニアが訪れる珍スポットが「吉見百穴《よしみひゃくあな》」。地元っ子からは**「よしみひゃっけつ」**とも呼ばれている。

約1400年前の古墳時代終末期につくられたといわれる横穴式の群集墳。第二次世界大戦中、吉見丘陵に軍事用の地下工場が設営された関係で一部は削られたが、今も山肌に広がる横穴は219個。ちなみに、建設中に終戦したため、軍需工場として本格的に操業することはなかった。

明治時代、最初に発掘したのは人類学者・坪井正五郎。北海道アイヌの伝説に登場する小人（コロポックル）伝説にちなみ、**「これはコロポックルの居住跡だった」**と発表される。大正時代に古墳時代の後期に死者を埋葬する墓穴としてつくられたものであることが判明。国の史跡に認定される。庶民の共同墓地という位置づけで、穴の大きさによって棺桶《かんおけ》を置く台座が複数あり、こうした穴は家族を埋葬する家族墓だったといわれている。

また、ここ一帯は関東平野ではヒカリゴケの貴重な自生地でもあり**「吉見百穴ヒカリゴケ発生地」**として国の天然記念物に指定されている。付近には市野川が流れ、のんびりモード。古代に思いを馳せつつ川沿い散歩もいい。

坂戸の聖天宮で
リアル台湾体験

なになに？　なーんもない街道沿いに突如現れたド派手な中華風の建物！　あれがこれから行く聖天宮？

うん、台湾人がつくったらしいけど、道教の神様に祈願して病気が完治したのを機に、教えを広めようと寺院を建てようとしたら、この地に建てよというお告げがあったとか。

台湾でもなく、そして日本のなかでもなぜ埼玉、そしてなぜ坂戸〜！

お告げを受けて、雑木林をいちから開墾して、台湾の宮大工を招へいし、15年かけてつくったらしいぞ。

豪華な彫刻もすごいけど、台湾のおみくじが引けたり、自動販売機で台湾のお土産が売ってたりと、チープに台湾旅行気分を味わえるのもいいね。

レイコ　オススメの行きたい！

坂戸市は農業も盛んで農産物直売所のほか、軽トラックで生産農家が公園やドラッグストア駐車場で野菜を直売する「軽トラック市」も人気。新鮮な地元野菜を手に入れるならオススメ。

県のほぼ中心地、〝埼玉のへそ〟的存在の坂戸《さかど》市。ただし、中心といっても県外での知名度はやや低め。市が出している観光パンフレットには「さかどにはなにもない？」と自虐めいたタイトルがつけられていたりするが、いやいや、一目見たらビックリすること間違いなしのスポットがある。

聖天宮《せいてんきゅう》。国内最大級の台湾・道教のお宮だ。道教とは儒教、仏教に並ぶ中国三大宗教の1つで、祀られているのは道教最高神の三清《さんせい》道祖。台湾の康國典《こうこくてん》という法師が三清道祖に祈願し難病を克服したことから、広く世に教えを広めようと、お告げに従って坂戸の地に建てたという。

聖天宮の見どころは何といっても、「五千頭の龍が昇る聖天宮」というキャッチフレーズ通り、各所でリアルに空に昇って行くかのような龍を始めとする豪華絢爛な装飾、彫刻の数々。石や板などの素材も台湾から運び、台湾の宮大工を呼んで建てたという。また、台湾（台北）の代表的寺院の龍山寺などでもトライできる赤い半月型の木（神杯）を投げて占う台湾式おみくじなんかも体験できる。

帰りには、休憩スペースに置いてある自動販売機で台湾の豆乳やタピオカ、スイーツなどを購入すればリアル台湾旅行気分。台湾ファンなら埼玉の中心で台湾愛を叫ぶべし！

「大宮盆栽村」で老後の趣味を発掘

ごちゃごちゃした歓楽街のイメージが強かった大宮に、こんな渋い盆栽の町があるとはなー。盆栽町なんて町名があるのも初めて知ったよ。

そうそう、私も前に埼玉本を書く時に知ったけど、大宮盆栽美術館に来たのは初めて。んっ、この広報誌の名前「ジンシャリ」ってなんだ？

銀シャリ（笑）？
オヤジギャグ（苦笑）？　どれどれ……
幹や枝の一部が枯れて白骨化したような状態を活かす盆栽の見どころの1つで枝が神（ジン）、幹は舎利（シャリ）と呼ばれるらしいよ。

渋いなあー。オレたちも、老後の趣味で始めるか、ジンシャリ。

言葉が気に入っただけでしょ（苦笑）。

レイコ　オススメの行きたい！

大宮盆栽美術館では、盆栽をデザインした手ぬぐいやポストカードといったグッズほか、「大宮盆栽だー!!」なるオヤジギャグ（笑）なご当地サイダーも販売しています。

コロナ禍で、おうち時間が延びるなか、若い世代の間でもプチブームになっているのが盆栽。「いっちょ始めてみるか」と思うなら、ぜひ注目したい町が埼玉にある。大宮盆栽村、現さいたま市北区盆栽町だ。

桜を始め自然も豊かな大宮公園の北側一帯に位置し、盆栽業者が経営する盆栽園や世界初の公立盆栽美術館がある。どこか独特の雰囲気が漂う珍しい町だ。

なぜ旧大宮市のこのエリア一帯が盆栽の聖地となったのか。

歴史を紐解くと、江戸時代より東京の文京区千駄木周辺には、江戸の大名屋敷などの庭づくりをしていた植木職人が多く住んでいた。その関係で盆栽専門の職人も増えていく。だが、関東大震災が勃発。被害を受けた盆栽業者が、盆栽育成に適した肥沃な土壌と水を求めて移り住んだのがこの地だった。

１９２５年には自治共同体として大宮盆栽村が生まれ、最盛期には約30の盆栽園があったとか。旧大宮市に編入されてからは世界でも類のない行政上の盆栽町という町名に。現在も５軒の盆栽園があり、それぞれ独自の盆栽を手掛けている。

その町のランドマーク的存在がさいたま市大宮盆栽美術館。見事な盆栽の展示や企画展を堪能できる。

盆栽には根の張り具合、幹の立ち上がり、枝ぶり、葉など、部位ごとに見どころがあるが、盆栽ならではの美しさということで知っておきたいワードが「ジンシャリ」だ。

同美術館のホームページ、広報誌によると「歳月を経た松や真柏《しんぱく》では、幹や枝の一部が枯れて、そのままの形を残すことがあります。こうした幹は白い肌を見せることで、緑色の葉と美しいコントラストを生み出します」とのこと。

難しい理屈を抜きにして素人が見ても、どこか枯山水のような潔くも、そぎ落とした境地から生まれる美しさが感じられるはずだ。

美術館で基礎知識を仕入れたら、盆栽町の一帯をゆったり歩いてみたい。

町内は盆栽村を開拓した当初のまま道路幅も維持されており、ほぼ碁盤の目状の小道を行けば、道の両側に植えられたさくら、もみじ、かえで、けやきなどの木々が目を楽しませてくれる。道には「けやき通り」「もみじ通り」など植えられた木にちなんで名前がつけられ、**「盆栽四季の道」**と呼ばれている。

商業地のイメージが強い大宮にあって、やはり空気感が違う。

各盆栽園では事前予約制で盆栽づくりの教室などを開いているが、園内を見学する際には写真撮影禁止、手を触れないなどのマナーを知っておきたい。盆栽はまさに美術品・芸

術品。事故防止や悪用を防ぐためだという。

「BONSAI」として世界中にも愛好家が増えているという盆栽。日本が誇るわびさびの文化に触れるならぜひ足を運んでみたい。

角川武蔵野ミュージアムで"映え"を狙う

これが出版社のKADOKAWAと所沢市が建てた「ところざわサクラタウン」か。有名な建築家が設計したんだろ。

隈研吾ね。神社、商業施設、美術館もホテルも飲食店もあって、もはや1つの町だね。まずは書き手のハシクレとしては「角川武蔵野ミュージアム」へ。本が美術館みたいに並んでる！

本を読むには人が多すぎて落ち着かないけど……。

クールジャパンを発信する拠点を謳ってるから、やや観光地的だけど。とか言って、やたら写真撮ってるね。

いや、埼玉で数少ない"映える"写真が撮れるスポットだし！　撮らない手はなし！

ホントは埼玉好きなの（笑）？

レイコ　オススメの行きたい！

館内のスクリーンでは昔なつかし角川映画の『セーラー服と機関銃』とか『野性の証明』といった画像が流れてました。インスタ映え狙いの若い人も私たちみたいな中年世代も楽しめます。

Ｐ95で郊外の国道沿いに新たなタイプの大型モールが増えているという埼玉事情を解説した。なかでも一風変わった個性的な大型商業施設として注目を集めているのが県西部、関越自動車道に隣接する「ところざわサクラタウン」（所沢市）だ。

出版社のＫＡＤＯＫＡＷＡと所沢市がタッグを組んで建てたもので、〝クールジャパンの拠点〟を標榜。図書館・美術館・博物館が融合した「角川武蔵野ミュージアム」、部屋ごとに人気アニメや漫画の世界で過ごせる「ＥＪアニメホテル」、アーティストやクリエイター、コンテンツ関係者を応援する御利益を謳う「武蔵野坐令和神社《むさしのにますうるわしきやまとのみやしろ》」、通称・武蔵野令和神社なる神社まである。所沢産の食材を使用したオリジナル料理が味わえる「ＳＡＣＵＬＡ　ＤＩＮＥＲ（サクラダイナー）」、埼玉銘菓やお土産も買えるショップ「ＬＯＶＥ埼玉パーク」など、埼玉ならではのスポットも楽しめる。

さらにユニークなのがＫＡＤＯＫＡＷＡの都心にあったオフィスを縮小し、約１０００人がワンフロアで働く新オフィス、デジタル書籍製造設備を備えた書籍製造・物流工場が設置されていること。

通常ならば作家やデザイナーほかクリエイターなどとの関係性の構築を考えると、利便性の高い都心部に拠点を構えるのがセオリーだったが、コロナ禍でテレワークが増えたことで、郊外で働くデメリットが軽減。むしろ広くて、自然が多く、買い物や飲食の施設も近隣にそろうことで、所沢の近くに引っ越してきた社員もいるという。

同じく西埼玉の人になじみの深い国道16号線沿いも商業施設が増加中。16号線について深掘りした著書『国道16号線――「日本」を創った道』によると、16号線エリアは従来、居住していた高齢化世代が転出する一方で、都市の利便と自然の安らぎを求め、新たな子育て世代の移住が増えているという。そこにコロナ禍が加わり、拍車がかかった形だ。郊外にオフィスも含めた新しい職住接近型の町、新経済圏ができあがっていくことも予想される。

他エリアを見ても、すでにショッピングモール敷地内にサテライトオフィスやテレワーク用のオフィスを併設するケースが増えている。「東京への通勤・通学に便利」で「寝るためだけに埼玉に帰る」なんて揶揄《やゆ》されていた埼玉のポジションから、「住んで、働き、楽しむ」場所として、人気も高まりそうだ。

写真上：世界的建築家・隈研吾が手掛け、外観には約2万枚の花崗岩が使用されているとか。

写真下：「角川武蔵野ミュージアム」には、館長・著述家の松岡正剛監修により、世界を読み解くためのテーマ、「9つの文脈」に沿って2万5000冊もの本が集められています。オシャレ！

「うまい、うますぎる」埼玉銘菓を食べ比べ

埼玉コマーシャル界を代表するテレビCMといえば、やっぱり「うまい！　うますぎる」の「十万石まんじゅう」だよねー。キミも地元で見てたの？

ウチはテレビ埼玉（テレ玉）映んなかったからなー。埼玉っていっても栃木の方が近いから、ラジオも「ニッポン放送」が入んなくて、「オールナイトニッポン」も聴けなかったし……。

どうにも寂しい埼玉青春話に……まあ、せっかく買ってきた「十万石まんじゅう」でも食べて元気出そう！

（パクリ）うーん、まあフツーのまんじゅうだな。

あの棟方志功が絶賛したというのに……埼玉出身者として失格（笑）。

レイコ　オススメの買いたい！

埼玉銘菓で都内のデパートでも人気なのが「彩果（さいか）の宝石」（トミゼンフーヅ）。果物の果肉や果汁を使ったゼリーで、色も鮮やかでオシャレ。個別包装なのでお土産にもピッタリです。

ベタすぎるネタとはいえ、紹介しないわけにはいかないだろう。埼玉を代表する銘菓であり、埼玉限定で抜群の知名度を誇るローカルCMといえば？

さあ、ご唱和あれ。

「風が語りかけます……うまい、うまい、うますぎる」

これは、行田市に本社を構える十万石《じゅうまんごく》ふくさやの銘菓「十万石まんじゅう」のCMで流れるフレーズ。渋い尺八のバックミュージック、ねっとりした迫力あるナレーションが印象的で、一度聞いたら耳から離れない。テレビ埼玉（テレ玉）のみで放映されているレア感もキモだ。

といって、決してウケ狙いの菓子ではない。本社のある行田市を治めていた忍《おし》藩の石高が十万石であったことにちなみ、先代が十万石の焼き印を押したまんじゅうを開発。「うまい、うますぎる」のフレーズは、当主が著名板画家・棟方志功に包装紙の絵を依頼した際、まんじゅうを食べた志功が思わずもらしたというセリフにちなんだものだ。

元々、甘党であったという志功。まんじゅうを口にすると「うまい、行田名物にしておくにはうますぎる」と言い、もし忍城の姫が生きていてこのまんじゅうを食べたのなら同じことを言ったに違いないとの意味を込めて、姫（愛称：まんじゅう姫）がまんじゅうを食べている姿をイメージしたパッケージデザインを描く。

そして、志功はその絵に十万石まんじゅうが全国に知られることを願って「十万石幔頭」と、本来誤りである表記を用いて書く。なんとトリッキー！　さらに当主に対し、「私でなければ描けない絵をかく。あんたはあんたにしかつくれない美味しい菓子を作りなさい」（同社ホームページより）と語ったという。いい話だ。

と、埼玉を代表する銘菓となった感のある十万石まんじゅうだが、埼玉三大銘菓となるとまた顔ぶれが異なり、川越の芋菓子、五家宝《ごかほう》、草加せんべいが挙がる。

川越の芋菓子では、サツマイモと小豆あんを山芋ともち粉の生地で包み蒸した「いも恋」や、100％サツマイモでつくった焼きおにぎり型の「芋太郎」、スライスしたサツマイモを油で揚げた「おさつチップ」などが、川越観光の食べ歩きスイーツとしても人気だ。また、五家宝とはおこしを筒状にしたようなものをきな粉や水あめを混ぜた皮で巻き、さらにきな粉をまぶした菓子。熊谷発祥説と、加須発祥説がある。健康にいいとされるきな粉でつくるためヘルシーさが売りだが、食べると口の中の水分を全部持っていかれる。食べる際には飲み物を用意しておくことをオススメしたい。

実は菓子類の消費金額を見ると、さいたま市は都道府県庁所在地で2位につけており、

風が語りかけます
うまい、うますぎる
十万石まんじゅう
フリーだな
埼玉人失格!

全国有数のお菓子好き大国!?　P99で、菓子製造の工場が多いと解説したが、モンテールの八潮直売店や東京風月堂のアウトレットが買える川口工場直売所（月1回程度）など、工場直売所の宝庫でもある。手軽に買えるから、ついつい買い過ぎちゃうのか、もね!?
甘いもの好きな地元っ子にならうならば、まずは「うまい、うますぎる」のフレーズからしっかり予習しておきたい。

クセが強い！〝テレ玉〟で癒される

今回、初めてテレ玉（テレビ埼玉）の番組をいろいろ見たねー。

幸手の実家ではテレ玉映んなかったけど、今は全国の番組がいつでも見られて便利……といって、どうしても見たい番組はなかったけど（笑）。

全国区的人気番組といえば、千鳥が出てる「いろはに千鳥」とか？

といってもユルいけどな（笑）。スゴかったのは「埼玉政財界人チャリティ歌謡祭」か。埼玉政財界人の歌合戦で、ド派手な衣装で歌う女性社長とか、超音程を外すおじさんとか（苦笑）。

クセが強い（苦笑）。あと、全国区であまり見ない地元出身の芸能人を発見できるのもローカルならではだね。

ギャラ安いんだろうなー。

第2のテレ東（テレビ東京）、目指せ！

レイコ　オススメの知っておきたい！

意外に癒された番組が県内の四季名所を音楽と共に紹介するナレーションなしの「彩の国百科」。恐らく低予算番組（笑）ながら、埼玉って花や自然が多いんだなーと初めて知りました。

玉子（卵）がモチーフの「テレ玉くん」をキャラクターとするテレ玉（テレビ埼玉）。埼玉西武ライオンズや浦和レッズ、大宮アルディージャを始めとする地元スポーツチームの中継に力を入れるなど、正当なローカル局らしさを漂わせながらも、名（迷）物な独自制作番組もラインアップしている。

テレ玉以外に全国20超の地方局でも放映されている正当なヒット番組が、お笑いコンビの千鳥が出演する「いろはに千鳥」。今や全国キー局でも引っ張りだこの2人だが、実は2014年、上京したての千鳥の関東初の冠番組としてスタート。低予算の「街ブラトークバラエティー」を謳い、合計8回分の収録を1日で終える過酷な「8本撮り」で知られる。2人の番組やスタッフに対するグチも頻出しつつ、初めて冠番組を持たせてくれたテレ玉への律義さも感じられる人気企画の筆頭だ。

「いろはに千鳥」が王道の人気番組なら、ネットでも「埼玉の奇祭」として話題に挙がるのが1月1日に放送される「埼玉政財界人チャリティ歌謡祭」。県内の経営者や政治家による歌謡祭で、寄付金はすべてチャリティ（埼玉県文化振興基金）に贈られるという、欧米あたりでありそうな〝意識高い系〟の番組なのだが、内容はまさに〝奇祭〟の名にふさわしい。

音程を外しながら歌う経営者や地元の名士らしき人物、奇抜な衣装を着てノリノリで歌う妙齢の女性経営者、そして観客席にはイヤイヤ（?）応援に担ぎ出された社員たちの姿も……正月早々、〝怖いもの見たさ〟でついつい引き込まれてしまう番組だ。

低予算を揶揄されがちなテレ玉ながら、人気急上昇のテレ東（テレビ東京）のように独自路線で「いろはに千鳥」や「埼玉政財界人チャリティ歌謡祭」を超える（?）、ヒット企画でキー局を揺るがす存在に成長するか！……期待したいような、今のいい意味での〝ユルさ〟を失ってほしくないような……。

意外にクセが強いテレ玉
人気番組筆頭 お笑い芸人・千鳥の「いろはに千鳥」
全国区の人気者になった今も1回8本撮りで出演しているとか
ダイヤモンド☆ユカイ（大宮の中学校出身）がレポーターを務める情報番組「マチコレ」
ロッカーながらユルさ満載
埼玉県志木市出身
インパルス 板倉俊之
大宮セブンメンバー
すゑひろがりず
埼玉には何の関係もない
森三中 黒沢かずこ
埼玉には何の関係もない
NMB48 梅山恋和
…の5人が織りなす「いたくらここなのオンとオフ」
など、いろいろあるが最も強烈なクセを発揮しているのが「埼玉政財界人チャリティ歌謡祭」
埼玉県・大野元裕知事「轍」を熱唱
X：2020年トリ
何を見せられているのか…と時に思わずにはいられない〝奇祭〟！

隠れ「埼玉弁」を知る

子どもの時、習ってたヨットのスクールで湘南の方に行ってた時、初めて気づいたんだよな。実は自分がナマってたこと（笑）。「〜だよね」「〜だから」という意味で「〜だで」って言っててバカにされたなあ。

県の北東のほうだから栃木弁に近いのかな？　でも、大河ドラマの「青天を衝け」で、県北とか群馬県南部の武州弁や上州弁が使われて、地元の人は喜んでるらしいよ。「〜べえ」とか「〜だんべ」とか。他エリアの埼玉人はこんな言葉使わないよって思ってるかもだけど。

『翔んで埼玉』の時もそうだったけど、ナマってようが、ディスられようが話題になることが少ない県だからな。話題になるだけで喜ばしい（苦笑）。

ヒロシ　オススメの知っておきたい！

県北東では「面倒くさい」を意味する「やっけー」という言葉も使っていました。同じ埼玉でも飯能出身のヤツと、どっちがダサいかを争ったりしてましたが、これも埼玉あるある（笑）。

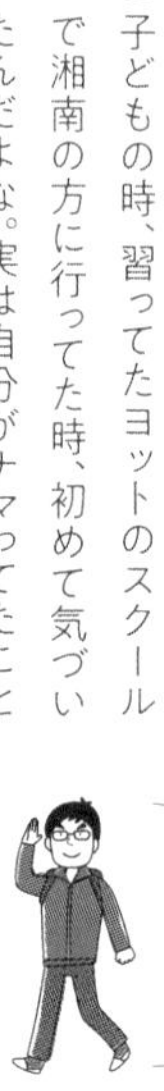

県としての統一感やキャラが薄く感じられるのには、地方出身者が誰もが持つ方言ネタに乏しいのが1つの理由かもしれない。

飲み会などで盛り上がる「出身地どこ?」「方言しゃべってみてよ」という他愛ない会話が始まると、(ネタがなくて場を盛り下げては……)と話を振られないように祈る埼玉人……といって、意外に本人だけがそうと気づかず方言をしゃべっていたりもする。

その傾向が強いのが県北や県北東エリア。深谷市付近の県北で聞かれるのが「そうなの」とか「そうなのですか」といった相づちでよく使われる「そうなん」。深谷市には「そうなん娘」という銘菓もあり、「そうなん」以外にも、「どこ行ったん」「いくらなん」といった具合に語尾で「~たん」「~なん」がよく使われる。

秩父でもよく聞かれるのが「~だんべ」や「~べ」。「青天を衝け」でも渋沢役の吉沢亮が「行ぐべ」などと使っている。また、行田には「だんべ踊り」という盆踊りがあり、秩父音頭では「そうとも、そうとも、そうだんべ♪」という合いの手が入る。

こうした方言はかつて群馬と埼玉県北が1つの県だったことも影響している。

県北や県北東の人々は県南よりむしろ群馬や栃木のほうが近しく感じていたりするのも〝埼玉あるある〟なのだ。

意外な埼玉出身者を知る

テレビ番組の「ケンミンSHOW」が始まって、埼玉出身を打ち出す芸能人が増えたけど、前はあまり公言してなかった印象があるかも。

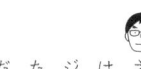

ネタにしにくいしね。最初に認識したのは、所沢出身でそこから芸名をつけた所ジョージぐらいかな。でも、最初出てきた時はB級タレントっていうイメージだったな。

実は人気俳優とかも多いよね。モックン(本木雅弘)とか。星野源と吉岡秀隆は同じ蕨出身で、藤原竜也は秩父生まれだし。

福岡人が芸能人が多いって自慢するけど、埼玉も負けてはないかも?

でも調べてみたら数では千葉に負けてた。

千葉には負けたくなかった……。

レイコ　オススメの知っておきたい!

実は将棋界の重鎮、羽生善治も所沢の出身。また、新座の立教新座高等学校はみのもんたや、古舘伊知郎など東京出身の有名人が多いのも東京に隣接するエリアならではの特徴かも。

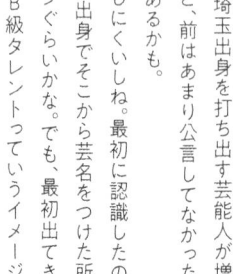

埼玉を代表する偉人といえば、大河ドラマで知名度を上げた渋沢栄一に加え、あのヘレン・ケラーが生き方の目標にしたという盲目の国学者・塙保己一《はなわほきいち》（その縁でヘレン・ケラーは埼玉で講演も行った）、日本で最初の公認女性医師の荻野吟子《おぎのぎんこ》が挙げられる。やや地味……、と思うが、実は文化・芸能、スポーツ分野でも人気の埼玉出身者は数多い。

俳優では菅野美穂（坂戸）やりょう（川口）、反町隆史（さいたま）、竹野内豊（所沢）、神木隆之介（富士見）など。反町と竹野内は海を舞台にしたドラマ「ビーチボーイズ」で一世を風靡したが、両者共に海なし県生まれというのは興味深い。

お笑いタレントでは太田光（ふじみ野）、春日俊彰（所沢）、設楽統（皆野町）、山崎弘也（春日部）など。春日は西武ファンで西武球場でアルバイト経験あり。設楽は西武鉄道・小手指駅で駅員をしていた。ザキヤマ（山崎）は草加の堀川産業のエネルギーサービス「エネクル」のＣＭに出演中だ。埼玉芸人でよく出てくる土田晃之はさいたま（旧大宮市）育ちだが生まれは東京。このパターンが多いのも東京から人口が流入した土地ならではだ。

もちろん、サッカー王国を誇るだけにサッカー業界の重鎮、選手も多い。その他、手塚治虫が晩年、新座にスタジオを設立した関係で鉄腕アトムは新座市、原作者が住んでいる関係でアニメ『らき☆すた』の泉こなたは幸手市の特別住民となっている。

移住でも人気！
埼玉の魅力再発見

2020年からコロナの影響もあって、東京とかから埼玉県へ移住してくる人が増えているってニュースで見たけど、実は埼玉ってそれ以前から全国でも唯一といっていいほど人口が減ったことがない県らしいよ。

確かに、小学校時代、同じ市内に学校が急に増えた記憶があるんだけど、調べてみたら1972年から10年間で小学校が5校、中学校が3校、開校してた。ほぼ栃木に近い幸手でそうなんだからスゴイよな。

ちょうどベビーブームの世代が重なったり、景気がよくて土地も高くて、郊外に引っ越す人が増えたのもあるだろうけど。ダサイタマなんてディスられながら、住む人が増えてるって、やっぱり住みやすいのかな。

レイコ　オススメの知っておきたい！

帝国データバンク大宮支店の調査によると、他の都道府県から埼玉県への企業の転入超過数は2010～19年、10年連続で全国1位だとか。元々、企業の立地としても人気なんですね。

コロナ禍を受け、利便性のいい国道沿いの郊外に都内から移転してくる人が増えていると紹介した。

実は国道沿いに限らず、県全体で見ても、埼玉は人口増加モードにある。実際、２０２０年4～11月の数字で、東京都など他の都道府県から埼玉県への転入超過が1万１１６０人となり全国1位だったとか。近年、郊外の一戸建てから都心に近いマンションに引っ越す都心回帰が進んでいると言われてきたが、再びドーナツ化現象が勃発。テレワークが増加し、東京でのコロナ感染リスクから逃れるべく、利便性が高いながら自然もあって人も東京ほど多くない、そんな実利性をとって埼玉にやって来る人が増えているのだ。

だが、これはコロナによる追い風（？）だけではない。実はこれまでクローズアップされてこなかったが、埼玉は１９２０年の国の人口推計が始まってから、１世紀近くにわたり、唯一人口が減ったことがない自治体でもある。

コロナによって改めて埼玉の〝隠れ人気ぶり〟があぶりだされた形だが、「本当に住みやすい街大賞２０２１」（ＡＲＵＨＩ）では、なんと1位に川口が選ばれた。さらに日本人だけでなく外国人の転入も増えているとか！　ついに隠れていた埼玉の魅力に気づく人々が世界中に増加中⁉　もうダサイタマとは言わせない！　のだ。

たび活×住み活 47

埼玉的・小幸感を考える

今回、埼玉を回ってみてどうだった?

今まで実家がある幸手周辺しかほとんど行ったことがなかったけど、とにかくいろんな所に行ったし、いろんな場所があるんだな、っていうのが最初の印象かな。

これまで本を出してきた福岡とか神戸とか信州みたいに、「コレ!」っていう名物はないけど、私的には秩父とか長瀞とかメジャーな観光地じゃなくても、意外に自然が多いのはいい。幸手の桜もそうだし。

嵐山渓谷とかもよかったよな。

住んでもいいかもと思った?

うーん、住むなら浦和ぐらいがギリかな。幸手はヤダ。不便だし。

生まれ育ったところなのに……薄情者め(苦笑)。

ヒロシ　オススメの知っておきたい!

家計調査で各都県庁所在地の勤労者世帯の平均消費性向を見ると、関東の1都3県では一番低いとか。持ち家率は最高水準で、日々の生活を大事にする堅実な暮らしぶりがうかがえますね。

毎年、実施される都道府県の魅力度ランキングを発表する「地域ブランド調査」（ブランド総合研究所）。２０２０年版では最下位常連だった茨城県が最高順位の42位に！　そしてなんと、わが埼玉も過去最高順位に上昇した……38位だが。

まだまだ後ろから数えたほうが早い？　いや、どこかの議員の論争ではないが、なぜ1番じゃなきゃならないのか？

移住人気を受け、Ｐ１４５で「もうダサイタマとは言わせない」と書いた。だが、この十数年、人も企業も〝ダサくない〟東京を目指すようなトレンドは廃れつつあったのは御承知の通り。その流れはコロナ禍で本格筋になった。今はそんな都市のイメージやブランド力よりも住みやすさが一番。とはいえ、急にド田舎に住居や働く場を求めるのは難しい。その点、**ほどほど田舎でほどほど都会**のいいとこ取りができるのが埼玉なのだ。

まさに安定感ある埼玉の時代が到来⁉　投資に例えるなら、株価急上昇、大儲け間違いなしの有力株とはいえなくとも、ずっと持っておけば安定的に配当が手に入るような、長期にわたって**〝小さな幸せ〟**をもたらしてくれる。そんな裏切らないエリアといえよう。

埼玉の魅力にとりつかれたら、もう過密都市の東京には戻れない。埼玉の時代、キター！……などと、鼻息荒く主張しなくてもよいユルさも埼玉らしさと心得たい。

たび活×住み活 48

白鳥飛来地で白鳥にフラれる

今回、川島町にはうどん食べに行ったり、醤油蔵見学に行ったりしたけど、白鳥には見事にフラれたね。

越辺（おっぺ）川の白鳥飛来地な。朝がベストな時間と聞いて、せっかく早起きして河原をはるばる歩いて行ったのに、遠くに1～2羽ぐらいしかいなかったな。

前にも長野・山之内町で温泉に入るサル（スノーモンキー）を見られなかったけど、どうもタビスミ隊、動物モノにツキがない気がする。

実は、そんなに動物好きってわけじゃないのが見透かされてるのか。

動物と子どもは正直。残念ながら、性格が悪いのがバレてるのかも……（苦笑）。

でも、空振りに終わって、その足で聖天宮（P122）に行く途中、なぜかダチョウに出会うという（笑）。

レイコ　オススメの知っておきたい！

後で調べたところ、ダチョウがいたのは坂戸市の新井牧場さん。道路脇にダチョウが放し飼いされていて、外から普通に見学できます。ダチョウって結構、背が高くてビックリしました！

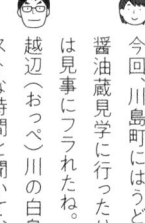

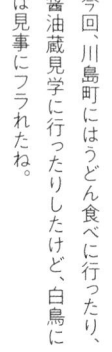

たび活×住み活 49

クレーンゲームの聖地に足を踏み入れる

ゲーセンとかずっと行ってなかったけど、クレーンゲーム機の数が宇宙一多いっていう「エブリデイとってき屋」（八潮市）は圧巻だったな。

448台だっけ。それもよくあるぬいぐるみとかおもちゃだけじゃなくて、景品が全国のご当地カレーだとか宝石だとか、埼玉が誇る野菜やサツマイモだったり、メチャメチャ種類があったよね。

で、週末ということもあったけど、家族連れでいっぱいだったのも驚きだった。10円からできるっていうのも、ファミリーにはいいんだろうね。

確かに埼玉ファミリー、コストにシビアそうかも……。

レイコ　オススメの行きたい！

店内にはクレーンゲームアドバイザーがいるのでビギナーでも安心。クレーンゲーム台数で世界一は本当でギネス記録認定を持っているとか。スマホゲーム全盛の時代でも根強い人気です！

たび活×住み活 50

「大宮セブン」の黒歴史を知る

地方に行くと「吉本住みます芸人」とかいるけど、大宮の劇場に「大宮セブン」って呼ばれてる人たちがいるって、マヂカルラブリーがM-1グランプリ取って初めて知った。

「大宮ラクーンよしもと劇場」に所属してる芸人たちな。最初はお客さんが全然入らなくて、「お笑いガラパゴス諸島」とか呼ばれてたらしい。

すゑひろがりずとかジェラードンとかも少しずつ出てきてるイメージあるよね。ワンコインで30分、トークライブが見られるワンコイントークライブとか企画もがんばってるみたい。これから埼玉勢がさらに注目集めるかも!?

自虐ネタは得意でも、お笑いとなると大阪とかと偏差値、歴史があまりにも違うからなー（苦笑）。

レイコ　オススメの見てみたい！

2021年春には銀座で「大宮セブンツアー」も開催したとか。マヂカルラブリーを特に好きなわけではありませんが、にわか埼玉びいきになった私としては心の中で応援しております（笑）。

人気ラーメン「よしかわ」「四つ葉」をお取り寄せ

コロナ禍でいろいろとお取り寄せするようになったけど、埼玉の人気ラーメン店のお取り寄せはひと味違ったね。

うん、冷凍でもしっかりウマかった。

私は個人的には「よしかわ」の煮干そば白醤油が気に入ったかもー。あっさり、スッキリ飲みやすくも煮干しの風味がしっかり存在感を示しているスープと、硬めで歯応えを感じるパツパツのストレート細麺。組み合わせがベストマッチだった。

柔らかめの麺が好きなオレは四つ葉派かな。まろやかな鶏白湯醤油スープとちょっとヤワい中細麺が、いつでも飽きずに食べられそう。

大手チェーンだけじゃなくて、人気の個店のお取り寄せができるのはいいけど、いつか実際の店舗にも行きたいな。

レイコ　オススメの食べたい！

「四つ葉」のキレイな鶏白湯醤油スープは地元川島町の笛木醤油、川越の松本醤油をメインに、全国から取り寄せた天然醸造醤油を使っているとか。ラーメンにも地元愛を感じられます。

泳ぐなら水上公園！の思い出を語る

海なし県の埼玉の夏のレジャーといえば水上公園のプールなんでしょ。

ああ、小学校の低学年の時、オレも連れてってもらったな。上尾水上公園（現さいたま水上公園）。流れるプールがあった記憶が（正式名は波のプール）。

しらこばと水上公園は9つのプールがあるらしいよ。ホームページ見たら「常夏のリゾート気分」「海水浴気分を満喫」とか書いてあって、ちょっと微笑ましかった（笑）。上尾は魚を放流してプールフィッシングもやってるみたい。

プールで釣りかー（苦笑）。まあ、オレは小4の時からヨットスクールで湘南の方、行ってたから海への憧れはないし、むしろ川のほうがいいけど……。

幸手出身なのに生意気（笑）！

レイコ　オススメの知っておきたい！

ちなみに競泳メダリストの瀬戸大也は入間郡毛呂山町出身で、埼玉栄高校卒です。海がなくてもメダルをとれる名スイマーになれる！　埼玉栄は他にもメダリストを輩出しています。

たび活×住み活 53

長瀞のあゆめしに舌鼓

長瀞渓谷、さすがに観光客が多いね。水のブルーがキレイ！　昔、キャンプに来て、ラフティングに挑戦したんだ。楽しかったなー。

オレもたしか遠足で来たような記憶がうっすらあるけど、覚えてない。

キミは埼玉でディスられた記憶以外、ホント、記憶喪失かよ！　そういやＮＨＫの「ブラタモリ」でやってたけど、ここの名物の岩畳って国の天然記念物で「日本地質学発祥の地」らしいよ。

タモリって地質学好きだもんな。でも、オレはあの人が「ダサイタマ」の名づけ親であることは決して忘れてないけどな（苦笑）。

まあまあ、長瀞名物の鮎の塩焼きでも食べて落ち着こう（笑）！

ヒロシ　オススメの知っておきたい！

長瀞町の人気店といえば渓谷の天然水を使ったかき氷の「阿左美冷蔵」が有名。タビスミ隊は鮎料理で知られる「丹一」で鮎の塩焼き、鮎から揚げ、あゆめしをいただきました。ウマい！

たび活×住み活 54

車社会ぶりを考える

今回は、よく国道沿いを歩いたよね。旧中山道の17号、西埼玉の人が使う16号、東部、県南の人に身近なのが4号、122号。車内で聞くのは地元FMの「NACK5（ナックファイブ）」。車に乗らないから、よう知らんけど（笑）。

ウチは東部の幸手だから4号はなじみ深い。そういや、小学校の校則で国道4号を渡っちゃいけないってあった。

へー、意外に車社会な埼玉らしい校則だね。

でも、小学校の時、友達とケンカして、カッとなって自転車で追っかけて国道4号を突破。電柱にぶつかって大ケガしたの覚えてるわ。

子どもの時の楽しくない思い出は、記憶に残ってんのね、キミ（苦笑）。

レイコ　オススメの知っておきたい！

車社会ながら、実は自転車の保有率もトップクラスの埼玉。低地が多く走りやすいゆえか。本庄市が自転車発祥の地ともいわれ、「川沿いを走る日本一長いサイクリングロード」もあります。

データ編

埼玉県を知る

1世紀近くにわたり人口が減少していない唯一の県として、なかでも40歳代が最多を占めるなど日本でも“若い県”の埼玉。大消費地・東京に隣接し、製造品出荷額が全国6位のものづくり県であり、農家数が全国8位と農業も盛んだ。また、交通の利便性が高い一方で、自然公園が県土の3分の1を占め、河川面積割合は全国1位と自然が豊かな地でもある。持家比率も約67%と首都圏で最高水準だ。こうした住みやすさが支持され、コロナ禍の影響もあり、東京などからの人口流入が増えている。改めて注目を集めつつある埼玉の特徴、移住相談先などを紹介していく。

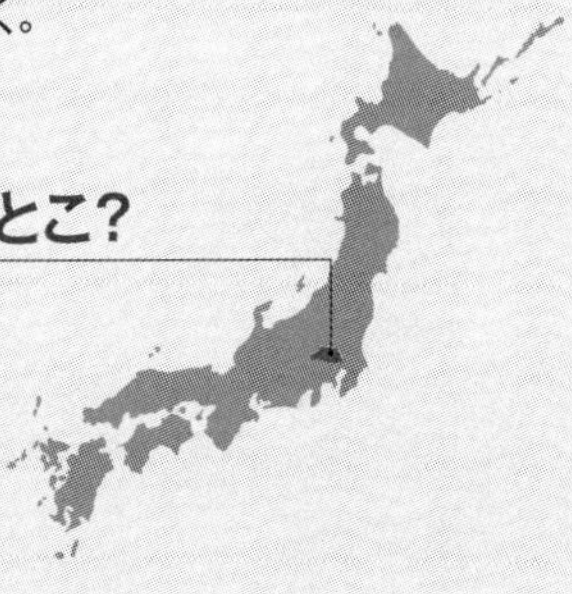

ザックリつかもう! 埼玉ってどんなとこ?

<広さ>

- 面積 約3798平方㎞
- 人口 約726,7万人

<気候>

- 夏は蒸し暑く、冬は乾燥した北西の季節風が吹く日が多い。県を通じて2009~2018年の10年間の快晴日数が567日で全国1位。年間日照時間も全国8位(2019年)
- 南部は冬においても県内では暖かく、北部は夏と冬の気温が高い(2018年夏、熊谷で国内最高気温41.1℃を観測)
- 秩父地方の盆地では冬期に夜間の冷え込みが強く、−10℃以下になることもある

<生活・医療>

- 河川・崖崩れ被害始め自然災害が少なく、被害総額は全国で2番目に少ない
- 防犯パトロールなどを行う自主防犯ボランティア団体数が全国1位
- 病院数全国6位、病床数・医師数全国6位
- 都市公園数全国8位
- 18歳未満の子ども、妊娠中の方、その家族を対象に、協賛店で割引などが受けられる「パパ・ママ応援ショップ優待カード」を配布。協賛店の数は同様の制度を行う自治体の中で最多

資料 「統計からみた埼玉県のすがた2021年版」「埼玉県のひみつ」(埼玉県)

さらに深掘り！ 狭いようで広い！
埼玉県のエリアごとの特徴をつかもう

埼玉県は40の市、22の町、1つの村を擁し、エリアごとに多様な顔をもつ。
その概略を紹介していく。

さいたま地域

さいたま市（西区、北区、大宮区、見沼区、中央区、桜区、浦和区、南区、緑区、岩槻区）

2001年5月1日に県庁所在地であった旧浦和市、県最大の商業都市の旧大宮市、旧与野市の3市が合併し誕生（05年には旧岩槻市を編入）。10の区があり、県の中枢都市として機能。

南部地域

川口市、蕨市、戸田市

都内へのアクセスの良さから人気。外国人比率が高く、増加率も全国トップクラス。川口市は鋳物産業で栄えた歴史を持ち、蕨市は日本一小さな市でコンパクトシティとしての魅力を発信中。

南西部地域

朝霞市、新座市、志木市、和光市、富士見市、ふじみ野市、三芳町

東京都に近接し、東武東上線や川越街道沿いの宅地化が進行。富士見市には東武東上線の駅が3つあり、富士山が見えるスポットも。朝霞市、和光市は本田技研工業の研究所の拠点があり、ふじみ野市では交通の利便性を活かした商品流通業や首都近郊農業なども盛ん。

県央地域

上尾市、桶川市、北本市、鴻巣市、伊奈町

4市は中山道の宿場町として栄えた歴史を持ち高崎線沿線。上尾市はブリヂストンサイクルの本社・工場などがあり工業製品出荷額は県内上位。桶川市は「べに花の郷」を標榜。北本市はトマトの産地、鴻巣市はひな人形の産地として知られる。

東部地域

春日部市、草加市、越谷市、八潮市、三郷市、吉川市、松伏町

東京に近く東武伊勢崎線沿線を中心に宅地化が進行。春日部市は「クレヨンしんちゃん」ゆかりの町、草加市は草加せんべい、草加松原で知られる。越谷市は越谷レイクタウンの造成で人口が急増。八潮市、三郷市はつくばエキスプレスの開業、高速道路網の整備などで開発が進行。吉川市は「なまずの里」でPR。

西部地域

所沢市、飯能市、狭山市、入間市、日高市

西武池袋線、西武新宿線沿線沿いに、埼玉西武ライオンズの本拠地であり、日本の航空発祥の地・所沢市を中心に栄え、入間市、狭山市は狭山茶の産地で有名。飯能市のムーミンに関するテーマパーク「メッツア」、東所沢には「ところざわサクラタウン」など商業施設も増加。

川越比企地域

川越市、坂戸市、鶴ヶ島市、毛呂山町、東松山市、越生町、滑川町、嵐山町、小川町、川島町、吉見町、鳩山町、ときがわ町、東秩父村

小江戸として栄え、県の第3位の人口を擁す観光都市でもある川越市、比企地域の中心で、日本有数のやきとりの町である東松山市を中核に発展。吉見丘陵、嵐山渓谷、国営武蔵丘陵森林公園など豊かな自然美でも知られる。

北部地域

熊谷市、本庄市、深谷市、寄居町、美里町、神川町、上里町

夏の暑さ、ラグビータウンで知られる熊谷市を中核に、工業団地が位置し、工業も盛ん。深谷市は偉人・渋沢栄一の生誕地、特産品の深谷ねぎで知られ、本庄市は上越新幹線が通り、北の玄関として機能。隣接する群馬県とのつながりも強い。

利根地域

行田市、加須市、羽生市、久喜市、蓮田市、幸手市、白岡市、宮代町、杉戸町

利根川が流れ、農業も盛ん。行田は足袋生産で知られ、埼玉県名由来の地でさきたま古墳群、忍城、幸手市は権現堂桜堤、宮代町の東武動物公園、久喜の鷲宮神社など観光スポットも。高速道路網が発達しており、物流拠点として工業や倉庫の立地も進んでいる。

秩父地域

秩父市、横瀬町、皆野町、長瀞町、小鹿野町

県全体の約15%、県の森林の約40%を占める秩父市を中心に、秩父三十四箇所巡礼、秩父夜祭、登山、長瀞の川下り・ラフティングなど自然豊かな観光地としても知られる。秩父盆地で冬は寒く、積雪も。祭りが多い地域で、長瀞は「日本地質学発祥の地」としても知られる。

移住・農業体験などを考えるならば、こちらに相談、情報をチェック!

「住むなら埼玉移住サポートセンター」（東京・有楽町）では埼玉県に移住を考えている人への相談を受けつけている。また、移住情報サイト「埼玉ではじめる農ある暮らし」では、就農を考えている人を始め、農業の6次産業化や市民農園での農業体験といった農業県ならではの様々な情報が移住体験談とともに紹介されている。興味がある人はまずはウェブサイトをチェックしてみよう!

参考文献
『埼玉ルール』 都会生活研究プロジェクト［埼玉チーム］ KADOKAWA
『思わず人に話したくなる埼玉学』 県民学研究会編　洋泉社
『埼玉の逆襲』谷村昌平著　言視舎
『スゴい！　埼玉うどん王国宣言』 永谷晶久著　大空出版
『漫画・うんちく埼玉』 比古地朔弥／漫画・谷村昌平／原案　メディアファクトリー新書
『愛の山田うどん「廻ってくれ、俺の頭上で‼」』 北尾トロ・えのきどいちろう共著　河出書房新社
『言える化 「ガリガリ君」の赤城乳業が躍進する秘密』遠藤功著　潮出版社
『国道16号線 ―「日本」を創った道― 』柳瀬博一著　新潮社
『日本の異国　在日外国人の知られざる日常』室橋裕和著　晶文社
『芝園団地に住んでいます ―― 住民の半分が外国人になったとき何が起こるか』大島隆著　明石書店
『埼玉西武ライオンズあるある』ふじいたかし著　TOブックス

データについては、埼玉県・各市町村ホームページ、
総務省統計局「家計調査（二人以上の世帯）品目別都道府県庁所在市及び政令指定都市ランキング（2018年～2020年平均）」、農林水産省「米麦加工食品生産動態等統計調査年報」「作物統計（2018年）」「米麦加工食品生産動態等統計調査年報（平成21年度）」「農林業センサス」「農林水産統計データ」、法務省「在留外国人数統計」「国籍・地域別在留外国人数」（令和2年）、経済産業省「工業統計調査（平成30年）」、埼玉県「統計からみた埼玉県のすがた2021年版」「埼玉県のひみつ」「埼玉ではじめる農ある暮らし」「埼玉県公式観光サイト　ちょこたび埼玉」

そのほか、埼玉新聞、全国紙、各自治体刊行・移住パンフレット、企業・団体ホームページなどを参考にしました。また、インタビューにご協力くださった多くの方々に感謝申し上げます。

あとがき

「マイクロツーリズム」という言葉を耳にするようになりました。自宅からおよそ1時間圏内の地元や近隣への旅を指し、感染症対策をしながらちょっとした〝非日常〟を楽しみ、地元の魅力を見直そうというものです。そのターゲットとして、東京あたりに住む人間にとって埼玉は絶好の場所ではないでしょうか。

秩父や川越といった王道の観光地もありながら、〝埼玉都民〟が住む場所というイメージが強い蕨や川口には観光客向けではないモノホンのチャイナタウンが存在し、工場見学OKの工場も豊富。身近に自然を感じられる公園も多く、商業都市・大宮でカオスな夜も楽しめる。特別な気負いも準備もなしで、いいとこ取りのプチ旅が楽しめます。

そして、地元の人の生活を感じながら旅を楽しむという、我々が提唱する「たび活×住み活」の場所としても、実はうってつけ。今回はタビスミ隊長・ヒロシの出身地でもありましたが、新たな視点で故郷を思うきっかけになったのではと思います。ダサイタマ世代として、ややねじれた地元愛を発揮しつつも（笑）。

コロナ禍を受け、東京からの移住も増えているといいます。ガイドブックとも移住本とも異なる本書が、埼玉の身近な魅力発見にお役立ていただけるようであれば幸いです。

著者紹介
たび活×住み活研究家　大沢玲子

2006年から各地の生活慣習、地域性、県民性などのリサーチをスタート。ご当地に縁のある人々へのインタビュー、アンケート調査などを通じ、歴史・衣食住・街など、幅広い角度からその地らしさに迫り、執筆を続けている。『東京ルール』を皮切りに、大阪、信州、広島、神戸など、各地の特性をまとめた『ルール』シリーズ本は計17冊、累計32万部超を達成。
本人は鹿児島出身の転勤族として育ち、現在は東京在住。根無し草的なアウェーの立場を活かし、ホットなトピックとして〝移住〟〝関係人口〟などを絡めた新しい地方の楽しみ方を紹介していく。

読むと行きたくなる。行くと住みたくなる——
「たび活×住み活」in 埼玉
「データ編 埼玉県を知る」付き

2021年8月6日　第1刷発行

著者　大沢玲子

漫画　斉藤ロジョコ
校閲　校正室・赤ペン舎
装丁・本文デザイン　有限会社 ZAPP!　白金正之

発行者　五島　洋
発行所　ファーストステップ出版
〒151-0064　東京都渋谷区上原1-34-7　和田ビル2F
有限会社ファーストステップ
TEL 03-6906-8431

印刷・製本　中央精版印刷株式会社
ISBN978-4-909847-04-1　C2026